PROJET

D'UNE LOI SPÉCIALE

RÉPRESSIVE DES ABUS

DE LA LIBERTÉ DE LA PRESSE,

PRÉCÉDÉ DE L'EXPOSÉ DES MOTIFS;

Par M. MOUREAU (de Vaucluse),

AVOCAT A LA COUR ROYALE DE PARIS.

A PARIS,

Chez LOQUARD, Libraire, quai des Augustins, n°. 3;

DE L'IMPRIMERIE D'ANTHᵉ. BOUCHER,

SUCCESSEUR DE L. G. MICHAUD,

RUE DES BONS-ENFANTS, N°. 34.

1819.

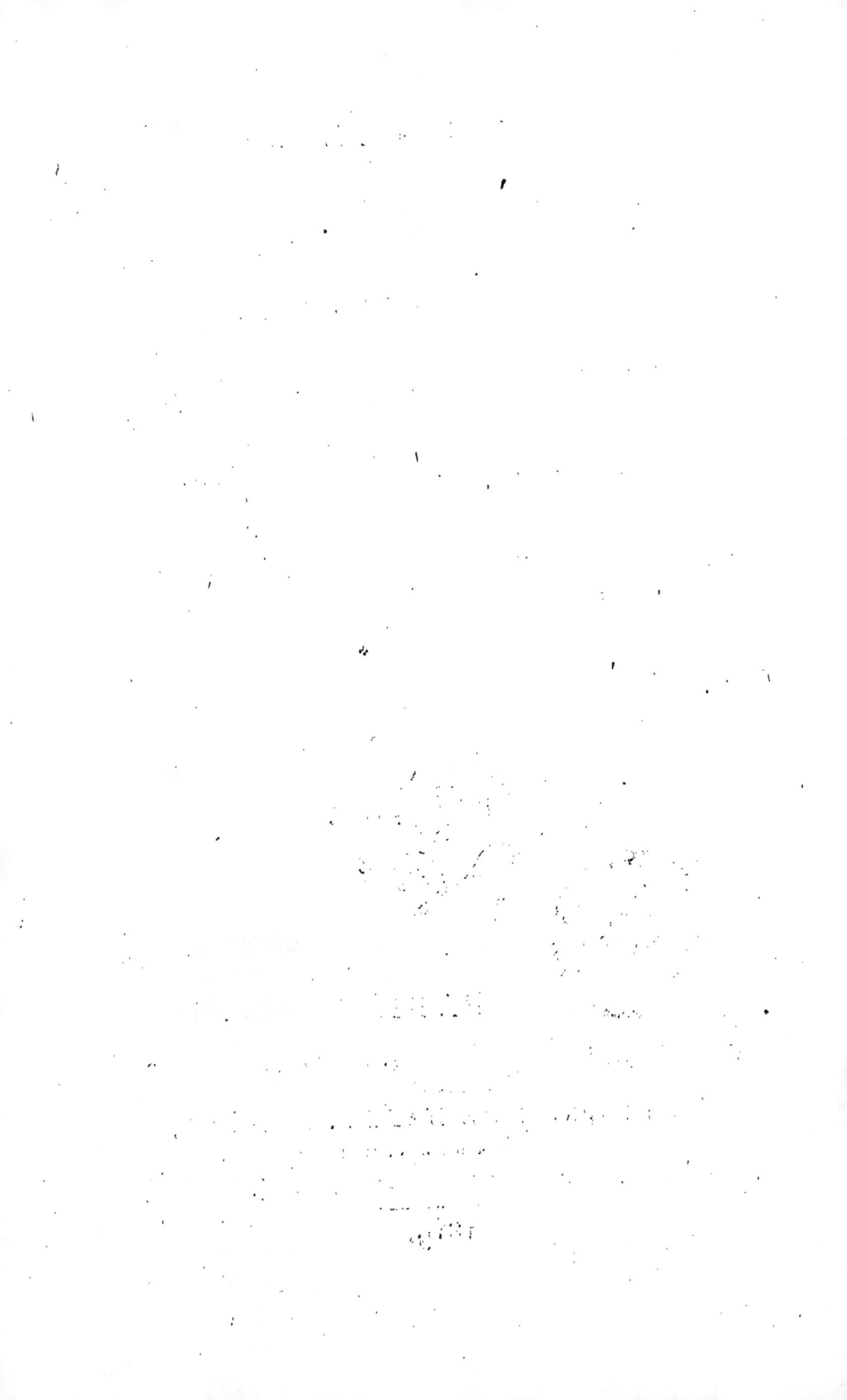

PROJET

D'UNE LOI SPÉCIALE

RÉPRESSIVE DES ABUS

DE LA LIBERTÉ DE LA PRESSE,

PRÉCÉDÉ DE L'EXPOSÉ DES MOTIFS.

CHAPITRE PREMIER.

L'abus de la liberté de la presse ne peut et ne doit consister que dans la calomnie.

La liberté de la presse est une des conquêtes que le dix-huitième siècle semble devoir assurer à la nation française.

La noblesse, le clergé lui-même, la réclamèrent avec force en 1788 ; l'assemblée nationale la décréta en 1789, et le Roi, par sa sanction réfléchie et libre, en fit une des premières bases de l'acte constitutionnel, qui, à cette époque, fut donné au royaume.

On croyait alors que le *sens commun* ou la *raison* seraient une seule et même chose.

Cependant leur triomphe n'est pas si complet, qu'il soit

ermis à leurs défenseurs de pousser partout des chants de triomphe.

S'il est vrai que le *sens commun* veuille que l'homme puisse manifester ce qu'il croit utile à ses semblables, les ennemis de la raison sont encore assez influents pour apporter des obstacles à cette liberté.

Il faut avouer que l'abus qu'on en a fait a fourni à ses adversaires des armes puissantes pour la combattre. Mais la licence doit-elle être confondue avec la liberté ? Est-il impossible d'avoir la chose et d'en prévenir les abus ?

Des citoyens respectables par leur moralité, par leurs lumières, par le plus pur amour de la liberté publique, pensèrent qu'il n'était pas possible qu'il y eût *liberté de la presse*, si le législateur prévoyait un seul cas où l'homme pût être punissable pour avoir imprimé une phrase quelconque. Cette erreur fut consacrée par l'assemblée constituante.

Ses membres étaient trop instruits pour ne pas prévoir que la malveillance pourrait *abuser* de cette liberté ; mais ils pensèrent que la somme du bien l'emporterait sur celle du mal, et que la vérité sortirait triomphante de la discussion.

Pardonnons-lui cette erreur funeste en faveur du motif qui l'égara ; mais elle eut des conséquences telles, qu'une injure verbale était punie par la loi, quand une injure qui était imprimée, c'est-à-dire, alors qu'elle pouvait rouler d'un bout du globe à l'autre, était au-dessus de toute atteinte judiciaire.

Ainsi la détestable, l'exécrable, l'affreuse calomnie assurée de l'impunité, noircit les hommes les plus moraux, quand à peine la vérité signala quelques êtres avilis que leur conduite avait suffi pour diffamer.

L'expérience, cette institutrice infaillible des hommes,

nous a donné de grandes et fortes leçons depuis trente ans. Les vrais amis de la patrie et de la raison doivent en profiter pour le bien-être de cette même patrie , pour assurer le triomphe paisible et durable de cette même raison. Pourrons-nous obtenir un résultat si universellement desiré ?

Les événements nous rapportent pour ainsi dire au point d'où nous étions partis ; mais nous nous y trouvons fortifiés de plusieurs siècles d'expérience : la génération actuelle a vécu deux mille ans.

Quoiqu'il y ait encore en Europe divergence d'opinions sur le meilleur régime politique possible , il n'y a qu'une opinion sur la liberté de la presse ; elle est en faveur de cette liberté ; et sur ce point de doctrine politique , les sujets de la *Néva* s'expriment avec non moins de force, d'élégance et de vérité que les citoyens de la Seine et de la Tamise. En France , la liberté de la presse est consacrée par la Charte. Des circonstances temporaires portèrent les ministres du Roi à en demander la modification provisoire ; ils l'obtinrent. L'époque, où le voile qui couvre encore cette partie du pacte social , doit tomber , approche. Il faut, avant ce jour desiré par la nation , que tous les bons Français entourent ce gouvernement de leurs lumières , et que les fruits de leurs réflexions et de l'expérience ne soient pas perdus pour la confection d'une loi spéciale sur ce sujet important.

Les ministres du Roi avaient, dans la session du corps législatif de 1816, annoncé à la France , par l'organe de *M. Ravez* , que, dans la session de 1817 , ils présenteraient le projet d'une loi spéciale sur la répression des abus de la presse ; cette promesse n'a point été remplie. Le projet de loi présenté dans la session de 1817 , sur cette matière , n'était pas ce qui avait été promis ; la chambre des pairs en fit justice. Je reconnais qu'il est très difficile de faire une bonne loi sur cette partie de notre législation. Mais faudra-t-il, chaque année, pâlir devant cette difficulté, et laisser ainsi subsister l'incohérence qui existe entre la théorie et la pratique, entre des principes constitutionnellement consacrés, et une jurisprudence vacillante ou contraire ?

Je ne me flatte pas de la vaincre cette grande difficulté, et qu'on voit grossir à mesure qu'on s'en approche ; mais son aspect ne me rebute pas, et dans mes efforts, quand je ne parviendrais qu'à présenter une bonne idée, j'aurais payé mon tribut, et je croirais avoir sujet d'être satisfait.

Que les amis de la patrie, de la Charte et de la liberté, réunissent leurs lumières individuelles ; que leur foyer échauffe et grossisse celles des hommes qui siégent dans les conseils des rois ; et de cet heureux concert, naîtra la loi que les peuples desirent.

Pour avoir cette liberté de la presse, telle qu'il nous la faut, soyons amis des principes, mais ne les outrons pas ; cherchons, et tâchons de trouver le point en-deçà et au-delà duquel ce qui est juste ne saurait se trouver.

Ne perdons jamais de vue que l'excès est abus, que l'abus est un vice, que le vice peut devenir délit ou crime.

Un homme qui a beaucoup d'esprit et de connaissances acquises, qui m'honore de son amitié, avec lequel je dissertais sur la question que je traite aujourd'hui, soutenait l'opinion qui prévalut dans l'assemblée constituante. « Si » un écrivain, disait-il, abuse de la liberté de la presse » pour diffamer un citoyen, celui-ci n'a-t-il pas cette » même liberté pour se justifier et convaincre son adver- » saire d'imposture et de calomnie ? Le tribunal devant le- » quel l'accusateur et l'accusé comparaissent est celui de » l'opinion publique ; s'il y succombe, le déshonneur dont

» il aura voulu flétrir son adversaire ne retombera-t-il pas
» sur sa tête ? »

Tel est l'argument des partisans d'une liberté illimitée.

Mais si ce raisonnement n'était pas susceptible de ré-
futation, je ne vois pas pourquoi les législateurs auraient
établi des tribunaux pour condamner à mort les assassins
de grands chemins. « Vous saviez, pourrait-on répondre à
» un homme qui n'aurait été que dépouillé par des bri-
» gands, qu'il était possible que vous fussiez arrêté par
» des voleurs dans le cours de votre voyage, pourquoi n'a-
» vez-vous pas pris des armes pour votre défense, en cas
» d'attaque ? Vous deviez repousser la force par la force ;
» si vous ne l'avez pas fait, c'est que vous ne l'avez pas
» voulu. »

Qu'on ne me dise pas que la comparaison est outrée.
L'honneur est le trésor le plus précieux de l'honnête homme.
Souvent l'honnête homme ne sait survivre à la perte de
l'honneur. *On peut être honnête homme et faire mal les vers.* Le
calomniateur peut être folliculaire par état : corsaire il n'atta-
quera pas les corsaires ; et moi simple particulier, qui n'ai
reçu que la probité et le bon sens en partage, je n'ai point de
presses à mes ordres, je n'ai pas le talent de les faire *gémir*, je
n'ai pas les moyens de payer un écrivain pour me défendre.
Il me faudrait imprimer plusieurs pages à grands frais, les
distribuer gratis, et supplier encore de vouloir bien les lire ;
et lui, semblable à la vipère, d'un seul coup d'aiguillon,
avec une seule ligne, d'autant plus productive qu'elle dis-
tillera un venin plus subtil, me blesse rapidement à mort.
Si j'écrase le reptile, si je survis à sa morsure, je n'en serai pas moins long-temps convalescent, et ma cicatrice
peut être éternelle. Ainsi qu'on ne soutienne plus que punir la licence de la presse serait en violer la liberté, puis-

que la conséquence de ce système consacrerait l'impunité de l'assassinat moral.

Si la société entière doit veiller à la sûreté du dernier de ses sujets ou citoyens, comme à celle du premier de ses magistrats, chaque citoyen doit à son tour être responsable envers la société de toutes ses actions. Sans cette responsabilité, comment la société pourrait-elle veiller à la sûreté de tous ?

Tout ce qui n'est pas défendu par la loi est licite.

Mais voyons ce qui, dans cette matière, peut et doit être licite.

C'est ici le point essentiel; c'est ici où la grande difficulté réside.

Pour la résoudre, rappelons des principes incontestables, et ne nous en séparons plus.

Le bonheur a été l'objet que les hommes ont cherché en se réunissant en société. De cette recherche sont nés les gouvernements.

Les hommes ont cru à l'existence d'un être suprême. De cette croyance sont nées les religions.

La divinité ou la nature en donnant à l'homme le génie ou la raison, quand elle n'a donné aux autres animaux qu'un instinct particulier à chaque espèce, a, par-là, exprimé la volonté que l'homme pût déployer tout le génie, toute la raison dont elle l'a doué.

Ce qui est juste, ce qui est vrai d'après les lois naturelles, soit dans la politique, soit dans la religion, ne saurait être exclusivement relatif à tel point de la terre, circonscrit dans un nombre déterminé de pas géométriques.

De même que le génie ou la raison, la justice ou la vérité, ne doivent avoir d'autres bornes que celles du monde ;

La conséquence qui découle de ces principes est que sur

toutes les matières que nous appelons abstraites, l'homme doit être libre, entièrement libre de manifester toutes ses pensées.

Ces principes, et la conséquence que j'en tire, n'essuyeraient aucune contradiction, si la nature n'avait placé le génie du mal à côté du génie du bien. Cette même nature qui crée l'agneau faible et timide produit le loup dévorant. La même terre qui donne la salsepareille et le quinquina engendre la ciguë et l'arsenic ; *Sully* et *Ravaillac* vivaient dans le même siècle !

O cher *Azaïs !* toi que j'aimais sans te connaître, parce que, chaque matin, je te voyais portant à ton bras ton fils emmailloté pour lui faire respirer l'air pur des bords du Rhône ; si ton système est vrai, à quoi serviraient mes desirs pour le bonheur de tous mes semblables ? Et comment le combattre ton système, quand il est de fait que toujours le mal est à côté du bien, et qu'en écrivant moi-même sur ce que je crois devoir être utile aux hommes, je ne fais, peut-être, qu'accomplir les vérités que tu as reconnues !

Toutefois le mensonge a obtenu trop de triomphes pour que nous ne tentions pas de *les compenser* par des défaites ; et s'il entre dans l'ordre des choses que l'imposture doive balancer la vérité, ce que je m'opiniâtre à ne pas vouloir croire, soyons les défenseurs de la vérité et les ennemis du mensonge.

Il est constant cependant que *le bien* existe. Il est constant que la *vérité* n'est pas une chimère ; car, dans le moral, ces mots *bien*, *vérité*, ont une acception opposée aux mots *mal*, *erreur*, qui à leur tour existent positivement.

Cependant ces mots *bien*, *vérité*, d'après l'acception que nous leur donnons, appliqués à certains faits, à certaines opinions politiques ou religieuses, deviennent *mal*, *erreur*, en diverses circonstances, soit chez nous, soit sur une autre partie du globe.

Comment alors reconnaître de quel côté est le *mal*, *l'erreur?* Aux faits. Si le fait, qui est qualifié *bien* par mes semblables, outrage la nature, j'ai raison de l'appeler *mal.*

S'ils veulent établir, sur des idées abstraites, une chose physique, s'ils donnent du mouvement à ce qui est fixe, et le refusent à ce qui se meut, alors que cette fixité et ce mouvement sont prouvés, comme il l'est que un et un font deux, vérité mathématique pour tous les points du globe, j'ai raison de soutenir qu'ils sont dans l'erreur.

La nature a créé tous les hommes. Ils apportent, avec la vie, le germe de la mort. Conserver les hommes contre cette destruction inévitable, ne pas hâter le développement du germe destructeur; voilà ce que la nature veut en faveur de l'humanité : vivre est le premier cri, le premier besoin ; vivre heureux n'est que le second. D'ailleurs le mot *bonheur* est si idéal! La nature a environné l'existence humaine de tant de peines, que, si nous ne devions vivre que pour le bonheur, elle ne nous eût pas donné l'existence telle que nous en jouissons. Comment saurions-nous ce que c'est que le bonheur, si la peine nous était inconnue ?

Le bonheur ne consiste donc pour l'homme, et ne peut exister dans l'état actuel de son être, que dans une moindre somme de peines avec la jouissance de ce qui est l'opposé de ces peines.

Si donc il existe, dans les diverses sociétés qui divisent la masse des habitants de la terre, des erreurs qui tendent à diminuer cette somme de bonheur, ou à porter les hommes à abréger la durée déterminée par la nature, à l'existence humaine, ils font *mal*; il faut pouvoir combattre ce mal, éclairer les hommes, et apprendre, à ceux qui ne le savent pas, que deux et deux font quatre.

Quelquefois la politique est confondue avec la religion. Il est une nation chez laquelle le prince et les prêtres veulent qu'une femme qui devient enceinte avant l'âge de trente ans, avorte de force, ce qui détruit toujours l'enfant, et tue souvent la mère.

Non loin de cet état, les veuves se brûlent sur le bûcher de leurs maris.

Ailleurs, le vieillard est percé d'une flèche, et les estomacs de ses enfants servent de tombeau à ce qu'ils appellent la matière qui forma la leur.

Alors n'est-il pas constant que ceux qui se livrent à ces pratiques, font mal? Ils outragent la nature; ils hâtent le moment fixé par elle à la destruction de son ouvrage.

Quand Galilée découvrit la rotation de la terre autour du soleil fixe, les prêtres trouvèrent qu'il blasphémait, et ils l'eussent fait brûler comme un hérétique, s'il n'eût désavoué, sur un échafaud dressé au milieu d'une place publique, la vérité de son système. Ainsi l'autorité donnait force à une erreur de fait, soutenue par ce qu'ils appelaient la religion.

Quand l'autorité civile faisait mourir Socrate, parce qu'il pensait qu'il n'y avait qu'un seul dieu, et que l'ame était immortelle; quand, cédant à la volonté des aruspices, elle faisait égorger les premiers chrétiens; quand, secondant la volonté des prêtres espagnols, elle faisait massacrer les Incas; que, pour en peupler le ciel, on les baptisait à l'instant même où une main fanatique et barbare serrait le tourniquet qui les étranglait; quand elle rendait des lois qui bannissaient de leur patrie des milliers de citoyens , ou les faisait massacrer, par cela seul qu'ils voulaient prier Dieu dans leur langue natale , elle faisait *mal*.

Quand il se sera établi un gouvernement dont le chef ou les agents auront le droit d'attenter à la liberté d'un homme, de le faire châ...., de le faire mourir, par cela seul qu'ils le voudront, ce gouvernement sera contraire au but social et à la nature ; il serait donc très mauvais.

De ces vérités, aujourd'hui triviales partout où le sens commun n'est pas proscrit, il doit en résulter cette conséquence forcée, que, s'il est reconnu que le mal est l'effet de l'ignorance et de l'erreur, la *presse* messagère de l'instruction doit être entièrement libre sur toutes les matières abstraites.

« Mais, me diront à leur tour les adversaires de la
» liberté de la presse, dans un état constitué, laisser une
» entière liberté d'écrire sur des matières abstraites, c'est
» exposer cet état à des agitations, à des bouleversements.
» Rien n'est plus *abstrait* que les matières de politique et de
» religion ; rien n'est plus dangereux, pour la tranquillité
» publique, que de toucher à ces matières. »

Mais le *sens commun* ou *la raison* ne sont-ils pas en faveur de cette même tranquillité publique , surtout quand elle est le résultat des lois qui régissent cet état constitué ? Et si des politiques, de l'espèce de ceux qui sautent sur le ventre des femmes qui deviennent enceintes avant l'âge de trente ans, venaient publier en Europe que , pour avoir des hommes fortement constitués , il faut qu'ils ne soient produits que par des mères qui aient fini leur sixième lustre, fissent-ils des ouvrages écrits avec le style de cet homme qui a soutenu que les lettres ont été nuisibles à l'espèce humaine, l'Europe repousserait leur système avec horreur ; il n'aurait rien de dangereux pour elle. Elle produirait des essaims d'écrivains qui combattraient en faveur de la vérité et de la nature outragées.

C'est l'imprimerie qui a été la courrière de la tolérance universelle ; c'est à l'imprimerie que l'Europe doit ses gouvernements représentatifs ; qu'une partie de l'Afrique doit la cessation de la servitude : si, captive, elle a servi parfois le mensonge et la tyrannie, libre, elle a servi bien davantage la justice et la vérité.

Je pose en principe *que le gouvernement représentatif est le plus haut degré auquel la civilisation puisse s'élever* (1) ; je forme le vœu qu'il s'établisse dans toutes les sociétés qui se partagent le monde. Si on nie ma proposition, si le vœu que j'émets est représenté comme un appel au retour des doctrines qu'on appelle anarchiques ; si on imprime des feuilles volantes ou des volumes pour établir la négative de ma proposition, je dois avoir la même liberté pour en établir la vérité. Agir dans un sens contraire, c'est préconiser le brigandage du souverain d'Alger, consacrer les autels érigés à Jacques Clément, et avouer la phrase de l'infortuné *Hérault-de-Séchelles*, la force du peuple ou la raison, c'est la même chose.

Si l'on veut me brûler parce que j'aurai contredit Josué ; si je suis anathématisé parce que je croirai qu'il y a des antipodes ; si l'on veut m'égorger parce que je veux adresser mes prières à mon Dieu, dans ma langue natale, plutôt que dans un idiome que je n'entends pas ; si l'on me proscrit parce qu'ennemi du parjure, je ne saurais

---

(1) Discours de M. de Larochefoucault à l'école de Châlons, le 7 septembre 1818.

admettre qu'il puisse être atténué par des restrictions mentales, est-ce que je ne dois pas avoir toute la liberté possible pour prouver qu'on a tort de vouloir me tuer ou me persécuter, par cela seul que je crois avoir raison?

La tranquillité publique se compose de la tranquillité des particuliers, et quoiqu'il n'y ait pas d'émeutes, point d'étendards déployés, elle n'existe réellement pas alors qu'il y a dans un état des oppresseurs et des opprimés.

Sur des matières abstraites il est facile de se tromper et d'être néanmoins de bonne foi. Fénélon fut combattu par Bossuet, l'école de Loyola par l'école plus morale et plus savante de Port-Royal, Rousseau par Voltaire, Montesquieu, qui connaissait bien l'inconnu Bodin, par Mably.

Que le pouvoir absolu ait ses apologistes, pourvu que le pouvoir contraire puisse avoir les siens. Libre aux enfants d'Ignace d'établir par cent *in-folio*, que cinq propositions sont dans *Jansenius*, pourvu qu'il le soit aux disciples de *Berrule* et de *César-de-Bus*, de prouver que ces cinq propositions ne s'y trouvèrent jamais, ou qu'elles n'ont rien de contraire à la foi.

On l'a dit mille fois, je le répète, et ne serai pas le dernier à le redire, la vérité finit par jaillir de la discussion.

La loi elle-même peut-elle être soumise à l'examen critique d'un écrivain? La combattre n'est-ce pas se déclarer contre elle?

Il me paraît qu'il y a une très grande différence entre critiquer ce qu'on croit vicieux dans la loi, se déclarer en ce sens contre la loi, en provoquer la révocation, et se soulever contre elle. Entre l'improbation et l'insurrection, l'espace est vaste. Le sujet obéit tous les jours à des lois que le citoyen improuve.

S'il est vrai que chaque homme doive à ses semblables le tribut de ses connaissances, sur ce qu'il croit utile à leur bien-être ; si d'un autre côté il est naturel de gémir alors qu'on souffre , il doit être libre d'exprimer toute sa pensée sur une loi qui paraît contraire à ce bien-être.

Qu'on cesse d'attribuer à la liberté de la presse , dont on dit que nous avons joui depuis 1789 , tous les crimes de la révolution. L'objection n'est pas juste ; l'accusation pèche contre la vérité. Jamais elle n'a été moins libre en effet que depuis qu'on avait décrété qu'elle devait l'être.

Avant la révolution, le bourreau brûlait les livres qui déplaisaient à l'autorité; pendant la révolution , le livre qui déplaisait, circulait, mais on coupait la tête de l'écrivain.

Oui , bien des crimes ont été commis dans cet intervalle; mais si , en fait, la liberté de la presse a été, depuis cette époque, opprimée par tous les dominateurs qui se sont succédés dans le gouvernement , qui me prouvera que cette oppression n'a pas été , au contraire, la cause de ces mêmes crimes?

Lorsqu'en 1787 , je lisais dans *Jean-Jacques* que plus une nation était éclairée, plus la révolution qui s'opérerait dans son sein serait sanglante, je disais voilà un paradoxe. Il me semblait que chez une nation éclairée, la mise en activité des premiers principes sociaux ne pouvait occasionner aucune secousse, et qu'ils devaient s'y développer d'eux-mêmes. Telle, me disais-je, une terre fertile qui a reçu ses labours en temps opportun , une semence pure dans la saison propice , nous présente dans les premiers jours de juillet une récolte abondante et facile. Mais l'heure de 89 sonna , et le sinistre citoyen de Genève ne fut plus un faux prophète.

Voltaire avait dit :

Les hommes sont égaux, ce n'est pas la naissance,
C'est la seule vertu qui fait la différence.

Ce principe était, depuis trente ans, applaudi sur tous nos

théâtres ; nos patriciens eux-mêmes et les ministres de la religion chrétienne qui consacre l'égalité, reconnaissaient de concert que la vertu était la première noblesse ; qu'il n'y avait pas de vraie noblesse sans elle ; que le hasard de la naissance ne pouvait établir des droits, et cette théorie n'avait aucun contradicteur. Mais quand la nation voulut mettre en pratique le principe qui n'était plus contesté, tout changea de face. L'orgueil s'irrite ; l'intérêt, ce vil, ce puissant motif des actions des hommes, indigne, enflamme, arme les uns contre les autres. Le principe l'emporte. Il est converti en loi constitutionnelle de l'État. Les privilégiés déchus veulent soulever l'Europe contre l'égalité politique. La résistance devient le plus saint des devoirs. Le Roi hésite. L'esprit de parti, toujours injuste, se forme. Les passions sont déchaînées, exaltées : dès-lors la liberté de la presse n'exista plus.

Sous le gouvernement de l'assemblée constituante, démontrer les charmes du gouvernement républicain et le provoquer pour la France, eût été un crime prévu par la loi, et la loi le punissait de mort.

Sous la république, avancer que le gouvernement républicain ne pouvait s'adapter à l'étendue de la France, ou qu'une vieille monarchie ne pouvait subitement faire place à la démocratie, qu'on ne change pas de mœurs comme de frisure, c'eût été se rendre coupable du crime capital.

Proposer, pour obvier à cet inconvénient, d'imiter les États-Unis d'Amérique? On se rappelle comment furent traités nos fédéralistes. Citer pour modèle la constitution de la Grande-Bretagne, après l'avoir purgée de ses vices réels dans son mode d'élection? Ah! les bicaméristes eussent été rapidement mis hors la loi. Avant le neuf thermidor, le tribunal révolutionnaire massacrait à-la-fois les

Royou, les Durosoi, les Gorsas, les Brissot, les Carra, les Camille. Après cette journée, on n'eut pas besoin de formes quelque courtes qu'elles fussent, et les prisons, les grands chemins, et le *temple* lui-même, devinrent la place de la révolution.

Le directoire montrait du doigt la ville de *Vendôme* aux écrivains qui eussent manifesté l'idée qu'il pouvait y avoir un meilleur gouvernement que le sien. Bonaparte, qui lui succéda, n'eut pas besoin de haute-cour.

Après sa chute, la presse parut sortir des cachots où elle avait été ensevelie depuis qu'elle avait été déclarée libre. On se borna à la restreindre momentanément à l'égard des feuilles périodiques et des ouvrages qui avaient moins de cent pages d'impression.

Il résulte de ces faits qu'il n'est point vrai qu'on puisse attribuer à la presse les crimes de la révolution; et il est à présumer que ces crimes n'eussent point été commis, s'il avait été permis à la sagesse, à la modération, de faire entendre leurs voix.

La même tactique n'a-t-elle pas été employée par les dominateurs de la fin de 1815? Quel écrivain eût pu, à cette époque, signaler dans le midi tous les forfaits qui s'y commirent.

Les écrivains appartiennent à la masse humaine.

Fénélon, Montesquieu, Racine, Massillon, Newton, Voltaire, Leibnitz, Kant, Loke, Rousseau, etc., etc., ont été traduits dans toutes les langues; et sont devenus, par-là, citoyens chez toutes les nations.

Si le génie peut et doit travailler pour tous les hommes, comment pourrait-on, avec raison, l'enchaîner dans le sein de la société où le hasard l'a fait naître?

L'exécration générale a frappé également les tribunaux inquisiteurs d'Espagne et de Venise.

Nous avons entendu quelques personnages soutenir que la minorité devait faire la loi , et que notre révolution nous fournissait des exemples d'après lesquels on pouvait fort bien régner avec elle et par son secours. Ce qui signifie que la *terreur* est un excellent moyen de gouvernement : peut-être ont-ils raison; mais ils ne l'ont pas à mes yeux : puis-je être privé du droit de les combattre ?

Pour conduire les hommes , ils veulent l'enfer et le bourreau. Moi, je veux le ciel et Henri IV.

Si le système d'Helvétius est vrai , s'il est certain que *l'amour de soi* est le mobile de toutes les actions des hommes , système contre lequel mon âme se soulève, et que je ne puis combattre , hé bien, qu'ils prêchent la crainte du châtiment ; moi , j'annoncerai la récompense destinée à la vertu.

Leurs disciples seront des esclaves tremblants; les miens, des hommes libres et vifs d'amour.

Les leurs ne feront point de mal , les nôtres opéreront le bien.

Les peuplades du Paraguai étaient heureuses ! disent-ils , les Turcs ne sont pas malheureux. Soit ; ces peuplades ont disparu ; les Turcs, la honte de l'Europe, ne doivent leur existence en deçà du Bosphore, et leur odieux triomphe sur les côtes d'Afrique, qu'à de fausses vues en politique.

Mais les peuples de la Grande-Bretagne, mais les peuples de la France constitutionnelle, mais les peuples de l'Helvétie , de la Hollande , de la Belgique , des Etats-Unis d'Amérique , ont résisté aux attaques de leurs ennemis et subsistent libres et pleins de vie.

Si le système d'une terreur politique et religieuse a des propagateurs publics , que celui de l'amour et de la vertu puisse avoir aussi les siens.

Laisserez-vous impunis des écrivains qui provoque-raient au renversement du gouvernement, me deman-dera-t-on ?

Laisserez-vous impunis des écrivains qui feraient des ouvrages contraires aux religions reçues et aux bonnes mœurs ?

Je voudrais être conséquent à mes principes et pouvoir répondre négativement ; mais il m'est impossible d'allier les contraires.

Cependant si jamais il y eut *licence*, c'est dans ces trois cas. Je reconnais cette vérité.

Rien de plus aisé que de faire une loi pénale contre l'au-teur d'une provocation au renversement du gouverne-ment.

Mais cette provocation devra-t-elle être directe ou in-directe ?

Si cette provocation doit être directe, les malveillants ne la feront pas ; pour échapper à la peine, ils useront de voies obliques : ainsi la loi serait impunément violée.

Si on admet une peine contre la provocation indirecte, dans quel dédale inextricable ne se lance-t-on pas ? Quel écrivain pourra s'exercer sur le droit public, sans se trouver exposé à se voir traduire en jugement comme pré-venu d'avoir provoqué d'une manière indirecte le ren-versement du gouvernement ? Comment mettre des bornes à ce qui est indirect ? comment définir ce qui est indirect ? Il y a autant de distance du *direct* à *l'indirect*, qu'il y en a du visible à l'invisible, du fini à l'infini.

Les mêmes observations s'appliquent aux matières sur les bonnes mœurs et sur les religions, deux objets que certains individus confondent à dessein, et qui peuvent bien, parfois, n'avoir rien de commun.

Fabricius avait de bonnes mœurs ; si tel qu'il fut il vivait de nos jours, crût-il encore aux dieux du Capitole, il n'en serait pas moins un homme très moral; les bonnes mœurs ne dépendent pas exclusivement de certains exercices; elles ne sont pas *un effet* nécessaire de telle religion, mais de toute religion qui se rattache à un être infini, suprême, créateur. Cassius, qui n'était point de l'école de Zénon, était un citoyen moral et vertueux; on dit même que les mœurs d'Epicure étaient à l'abri de tout reproche.

Ainsi, si la loi doit être illusoire, il est inutile de la faire. Si elle est, sous le second rapport, inexécutable, il serait absurde de la rendre.

Cependant si l'on pense que, quoique illusoire, elle pourra néanmoins servir à prévenir l'audace de quelques énergumènes, ou de quelques obscènes écrivains, qu'on porte une loi pénale contre tout auteur qui provoquerait au renversement du gouvernement, ou qui mettrait au jour un écrit qui porterait atteinte ou aux bonnes mœurs, ou aux diverses religions qu'il peut plaire aux hommes de professer. Toutefois cette dernière partie exigerait une explication. Par exemple en Angleterre, toutes les sectes de la religion chrétienne sont tolérées, la religion catholique seule ne l'est pas. Devrait-on punir un auteur qui demanderait la tolérance pour la religion catholique ? Loin de moi l'apparence même de consentir à ce que telle fût la concession de la conséquence que j'ai faite.

Par la même raison, on ne devrait pas punir en France un écrivain qui demanderait la tolérance pour toute autre religion que la catholique. N'est-il pas de principe, de ne pas faire à autrui ce que nous ne voudrions pas qu'on nous fît à nous-mêmes. Comment, avec cette divine morale, vouloir ensuite être exclusif? Aussi, plus je réfléchis sur cet article, plus je demeure convaincu que la presse doit-être à l'abri de toute gêne sur ce qui est relatif aux opinions particulières des écrivains sur toute espèce de matières abstraites, et que les abus punissables se réduisent A LA CALOMNIE.

LES FAITS qu'un écrivain peut rapporter, sont indépendants de son opinion particulière : je veux qu'il ait la faculté illimitée de censurer ou d'approuver tel acte émané d'un individu ou du gouvernement, qui lui paraîtrait contraire ou utile à ce qu'il croirait être le bien public ; mais il ne peut avoir le droit de leur imputer *des faits* qui, s'ils étaient vrais, les exposeraient au mépris ou à la haine.

Cette espèce de calomnie pourrait avoir les suites les plus funestes pour des individus, pour le gouvernement, pour le corps social.

On peut imputer des faits à charge, de différentes manières, en citant des faits qui ne seraient pas vrais, en *qualifiant* un individu d'une épithète accusatrice qui présuppose le fait. Et, sous ce double rapport, la calomnie peut être dirigée, soit contre un simple citoyen, soit contre un fonctionnaire public.

Tous les états ont des chefs dont les attributions sont plus ou moins étendues. Dans les uns, comme dans les républiques, leur pouvoir émane du peuple, ou des grands sortis d'abord des rangs de ce même peuple. La durée de leurs fonctions est temporaire, et leurs juridictions sont déterminées.

Dans d'autres, l'histoire nous montre bien que la puissance du chef de l'état est émanée primitivement de ce même peuple, ou des grands que ce peuple avait élevés ; mais il est reçu que pour rendre cette puissance environnée d'un certain prestige aux yeux des hommes, les chefs ont pu annoncer en tête de leurs édits, qu'ils tenaient leur couronne du ciel.

Il est reçu encore d'après la législation consacrée par la Grande-Bretagne, et en cette partie sagement adoptée par les monarchies constitutionnelles, que le chef de l'état est *inviolable* et *sacré*, ce qui n'est pas ainsi à l'égard des premiers magistrats des républiques.

En cet état, je me fais cette question. Le prince, le roi, l'empereur; en un mot, les magistrats européens connus sous la dénomination de *souverains*, dont les personnes sont déclarées inviolables et sacrées, peuvent-ils être individuellement atteints par la calomnie?

Je ne balance pas à répondre affirmativement.

Cependant je conçois tout le spécieux de l'opinion contraire. « Ce qui est inviolable, dit-on, ne saurait être violé. » Les rois sont à une telle hauteur au-dessus des autres » hommes, que leurs coups ne sauraient les atteindre ; » images de Dieu sur la terre, leur majesté ne le cède » qu'à celle du Dieu vivant dont ils ont reçu la leur ; » comme une émanation de la sienne propre. Dieu fit les » rois, et il se reposa. »

Phrases sonores, adulations brillantes, les histoires sacrées et profanes vous démentent.

Les auteurs de ces erreurs flatteuses, et ces thuriféraires de tous les distributeurs de places ou de grâces, confondent la puissance avec l'individu qui en est investi.

Mais le monarque est homme, et c'est parce qu'il est homme qu'il est magistrat. La royauté ne meurt pas, mais le monarque expire. Quant au prince susceptible d'un assassinat moral comme d'un assassinat physique, l'auteur de la calomnie dirigée contre lui doit être puni d'autant plus sévèrement qu'il attaque le premier magistrat de l'empire.

Qui peut nier que l'imputation de faits calomnieux impunément attribués à celui de nos rois qui fut les délices
de la France, n'ait puissamment coopéré à son assassinat?

La calomnie contre le souverain est toujours un crime.

Elle l'est encore quand elle est dirigée contre les princes
de la famille royale,

Contre les ministres du souverain,

Contre les fonctionnaires publics.

« Mais, dira-t-on, qu'entendez-vous par *fait calom-*
» *nieux?* Il faut bien préciser la chose, afin que le moindre
» blâme ne soit pas réputé calomnie. »

La question est essentielle. L'observation est juste. La
réponse n'est pas difficile.

Les ministres du roi et les fonctionnaires publics ont
deux caractères, le premier tient à la place, le second à
l'individu.

Tout acte émané d'une autorité est assujetti à la censure,
comme à la louange.

Si la conséquence de la censure d'un acte est contraire
au magistrat, l'Aristarque, fût-il lui-même dans l'erreur,
ne saurait être poursuivi, car cette erreur ne pourrait
être un crime. Ici le caractère particulier de l'individu est
absorbé par son caractère public. L'homme disparaît sous
la toge. C'est à lui à réfléchir sur les actes qui doivent éma-
ner de son administration, et si on lui reproche d'avoir
mal répondu à la confiance du prince ou du peuple, ou le
reproche sera fondé ou il ne le sera pas : dans le premier
cas il se corrigera, il réparera son erreur, le public sera
mis à l'abri de son injustice ou de son impéritie ; dans le
second, le blâme immérité sera relevé par d'autres écrits
ou repoussé par les faits même qu'on aurait critiqués.

Celui qui accepte une place qui l'élève au-dessus de ses
semblables, a consenti à s'exposer à leurs regards, à les

rendre appréciateurs de son attitude ; il s'est soumis à leur
critique comme à leur éloge.

Les faits d'administration ou les actes d'administration,
c'est la même chose.

S'ils existent, il n'y a jamais crime dans la critique.

S'ils n'existent pas, ou s'ils sont dénaturés dans la pré-
sentation, voilà la calomnie contre le fonctionnaire.

Le fonctionnaire est aussi citoyen.

Si un écrivain imagine à la charge de ce fonctionnaire des
faits défendus par la loi aux simples citoyens, ou même des
faits qui, n'étant punis par la loi, l'exposeraient au mépris,
à la haine publique, à la perte de la confiance du prince
ou du peuple, voilà encore une calomnie ; et comme,
dans ce cas, la calomnie serait dirigée contre un homme
investi d'une magistrature, la peine doit être plus forte,
puisque le crime attaque un citoyen à double caractère.

Si on veut restreindre la liberté d'émettre son opinion
sur un fait de l'autorité, il faut briser la presse et ressus-
citer le sénat de Venise.

Si on veut tolérer la calomnie contre des fonctionnaires
publics, il faut s'attendre à la plus détestable anarchie.

La calomnie peut encore être un crime quoique dirigée contre un simple citoyen ; c'est lorsqu'elle lui impute
des faits qui, s'ils étaient vrais, l'exposeraient à la peine
de mort ou aux travaux-forcés.

Quelle doit être la peine de ce crime ? Elle doit être
plus ou moins forte selon sa gravité ; et dans certains cas
je ne balancerais pas à vouloir que le calomniateur fût
flétri, comme un faussaire, par la main du bourreau.

Il est possible qu'on trouve que cette peine ne serait
pas en harmonie avec nos mœurs ; j'avoue qu'elle est sé-
vère ; mais si l'on est forcé de reconnaître qu'une calomnie
imprimée peut aisément devenir un assassinat, il me pa-

raît alors que l'auteur réfléchi du crime n'essuie pas encore la peine du talion.

Je ne sache pas qu'aucun historien, qu'aucun publiciste, aient jamais trouvé trop sévères les peines portées par les législateurs de l'antiquité contre les calomniateurs. Cet assentiment, donné par les siècles aux lois vengeresses de la vérité, est la condamnation de leur désuétude.

Et qu'on ne dise pas que la crainte du châtiment paralysera la plume des hommes de lettres. Les amis de la vérité n'auront rien à craindre; une latitude illimitée serait accordée à leur génie. Mais que ces lâches assassins de l'honneur de leurs concitoyens y réfléchissent et reculent, leur silence ne pourra qu'être utile à la société.

La calomnie, par la voie de l'impression, contre de simples particuliers qui n'auraient pas le caractère de gravité, prévu ci-dessus, serait un délit punissable.

Il ne doit pas être licite à un écrivain d'imputer faussement à un simple citoyen des faits qui, s'ils étaient vrais, l'exposeraient à une peine quelconque, et même au simple mépris ou à la haine de ses concitoyens.

Les calomnies verbales sont punies, avec raison, par la loi. Les calomnies imprimées ne sauraient donc être tolérées par elle. Les haines personnelles, la cupidité, la basse jalousie, doivent être réprimées; l'expérience nous a prouvé que des écrivains, ou méchants, ou mercenaires, ont satisfait à toutes ces passions, en calomniant des citoyens honnêtes, *non ignara malis miseris succurrere disco*(1). Tout tort doit être réparé, et la vindicte publique ne saurait demeurer étrangère à une telle réparation; et d'ailleurs la société elle-même ne peut-elle pas être atteinte d'un coup porté contre un seul de ses membres, en l'éloignant des fonctions pu-

(1) Voyez la note à la fin.

bliques où le prince et le peuple auraient pu l'appeler, et dans lesquelles il eût été possible qu'il eût rendu des services signalés à sa patrie ?

En Angleterre, il n'est pas permis à un écrivain d'imputer des faits quoique vrais, à la charge d'un simple citoyen qui, quoique non punissables par la loi, pourraient l'exposer au mépris ou à la haine de ses concitoyens : au premier coup d'œil, il semble que cette législation est bonne ; que tolérer le contraire serait compromettre la paix et la tranquillité des familles. Il suivrait de-là que la révélation de faits vrais devrait être punie, et que la médisance serait assimilée alors à la calomnie ; quant à moi, je ne pousse pas le rigorisme jusqu'à ce point, ou, pour parler plus exactement, je trouve que dans un état régi par le gouvernement représentatif, cette retenue, imposée aux écrivains, tient du molinisme politique. Notre législation actuelle permet d'imputer des *vices déterminés* qui, sans être punissables d'après la loi, peuvent exposer ceux qui s'y livrent à la haine ou au mépris de leurs concitoyens. Mais cette faculté est permise à *l'écrivain*, à une condition qu'il lui est impossible de remplir, puisque la loi le répute calomniateur s'il ne rapporte, à l'appui de son assertion, un jugement ou un acte authentique qui établisse que l'individu accusé d'un de *ces vices déterminés*, a été condamné, comme convaincu de l'un de ces vices. Or, comment condamner un individu pour un vice qui n'est pas punissable ? J'ai blâmé cette législation, sans avoir, à cette époque, manifesté mon opinion sur le bien ou le mal de cette faculté laissée à l'écrivain (1). Des hommes que j'estime et que j'aime, pour les talents desquels j'ai une considération profonde, ont, dans des conversations

_____

(1) Neuvième livraison de *la Boussole.*

particulières , combattu mon opinion. Ils ont soutenu que
cette partie de notre législation ne devait pas être atta-
quée , parce qu'il serait odieux et tyrannique qu'on pût
scruter la conduite privée d'un citoyen ; que la conduite
privée d'un citoyen n'avait rien de commun avec sa vie
comme homme public ; que nous avons vu d'excellents
administrateurs, de très bons juges , de profonds législateurs , enclins cependant à des habitudes ou à des pen-
chants repréhensibles dans leur vie privée , ce qui ne les
empêchait pas de bien remplir leurs devoirs comme fonctionnaires publics.

En admettant que le relâchement des mœurs , que nos
mœurs actuelles soient favorables à cette théorie , il n'en
faudrait pas moins radier de nos lois l'article qui permet
de relever ces vices déterminés , car il n'y a rien de plus
ridicule dans une loi qu'un article qui permette d'accuser,
alors que l'article suivant vous réduit à l'impossibilité de
prouver la vérité de l'accusation.

Je puis avoir tort sur le véritable point de la difficulté ,
car je connais assez les mœurs de mon pays pour avouer
qu'elles sont en opposition avec mes idées particulières sur
cette question législative ; mais c'est le propre du jansé-
nisme politique d'être tenace, et je dis : chaque citoyen est
admissible à toute espèce de fonctions publiques , donc
chaque citoyen doit être comptable à la société de toutes
ses actions. Elle est intéressée à connaître tous ses membres afin de n'être pas la dupe et la victime de l'ambition,
de la cupidité , de l'orgueil , de l'impéritie , de la lâcheté ,
de l'hypocrisie , des vices enfin qui pullulent parmi les
hommes, qu'ils savent déguiser jusqu'à un certain point ,
mais que leurs actions trahissent.

Que l'honnête homme appelé , ou qui peut l'être , à
des fonctions publiques , ne craigne pas la perspicacité de

ses concitoyens ; elle n'est redoutable que pour les méchants , les hypocrites et les perfides. Le magistrat intègre, le citoyen vertueux, voudraient que leurs maisons fussent transparentes , afin que le peuple ou le prince pussent sans cesse être les témoins de leur conduite et de toutes leurs actions. Le crime et l'hypocrisie souhaiteraient que le soleil ne se levât jamais.

La publicité donnée à de mauvaises actions , ne peut être qu'utile à la société.

Qu'on ne craigne pas que l'écrivain abuse de cette liberté. Il faut qu'il soit fortement ami du bien public pour s'ériger en accusateur , quand il dépendra de la personne qui se prétendra calomniée , de le convertir , à l'instant même , en accusé.

On me demandera si , dans mon système, j'entends qu'il soit permis à un écrivain de parler soit en bien , soit en mal , des faits du chef suprême de l'État , et des princes de sa famille ?

S'il est vrai que les actions de ces hauts personnages influent bien davantage sur le corps social , que celles des magistrats et des particuliers, il est raisonnable qu'on puisse les faire connaître.

Il est des magistratures qui cessent pour l'individu qui en est investi , avec le costume qui le distingue.

Les rois , les princes de leurs familles , sont toujours rois et toujours princes. Leur magistrature , si je puis m'exprimer ainsi , réside dans le sang qui coule dans leurs veines. Dans l'intérieur de leurs palais , ils doivent donc toujours être en évidence. S'ils aiment à entendre louer leurs belles et bonnes actions , il faut que la crainte d'entendre publier leurs mauvaises , les empêche d'en commettre.

Si des écrivains avaient pu publier et censurer des faits

qui annonçaient dans le jeune prince qui fut ensuite *Charles IX* , un caractère sanguinaire , peut-être la France n'aurait pas à rougir du massacre de la Saint - Barthélemi.

La liberté de la presse étant consacrée par la Charte , la nation française doit en jouir ; elle est voilée pour la France en cette partie de ses dispositions ; ce voile doit être entièrement levé. Le ministère n'appréhenderait pas que la nation en jouît , si , à côté de la Charte , il existait une loi qui punît les calomniateurs , car il est trop éclairé pour ne pas reconnaître enfin que l'abus ne peut être punissable que dans la calomnie : l'esprit de parti cessera ; il est l'ennemi formel de la justice. Toute exaltation ne saurait être de longue durée. Tout gouvernement doit tendre à sa conservation. La justice conserve les empires. L'ami réel de la justice doit vouloir connaître la vérité. La liberté de la presse est un écho fidèle qui porte aux oreilles des rois et de leurs ministres , tous les sons qui le frappent. Empêcher que ce son ne parvienne aux oreilles du prince , c'est paralyser le plus auguste de ses attributs , celui d'être sur la terre l'image de la divinité , car la divinité ou la science , c'est la même chose ; la divinité ou la vérité , c'est encore la même chose ; la divinité ou la justice , c'est encore la même chose. Dieu est un être spirituel ; mais ses images sur la terre ont des yeux, des oreilles , un cœur ; il faut donc que ces images animées puissent voir , entendre , sentir.

Tant que le ministère n'aura pas fait rendre la loi répressive des abus de cette liberté de la presse , il hésitera , il proposera , d'année en année , des mesures dilatoires, et finira par se trouver en opposition avec la volonté nationale.

CHAPITRE II.

Du vice de la Loi actuelle contre la calomnie.

On serait dans l'erreur si on voulait considérer les onze article du Code pénal actuel, relatifs à la calomnie, comme pouvant et devant former désormais la législation sur cette partie.

En général, le Code d'instruction criminelle et le Code pénal mis en activité en 1810, n'ont pas répondu à l'attente des jurisconsultes qui ne balancent pas à leur préférer les lois de quatre-vingt-onze et du trois brumaire an IV, malgré leurs lacunes.

Cependant ce nouveau Code pénal a prévu le délit résultant de calomnies imprimées que nous ne trouvons pas dans les précédents ; mais ses dispositions peuvent-elles être maintenues, sont-elles suffisantes pour la répression ? Je ne le pense pas.

Il y a une très grande différence entre une injure verbale et une injure imprimée, entre une calomnie verbale et une calomnie imprimée, et cependant l'article 367 ne les distingue pas !

Si un calomniateur m'impute un fait de nature à mériter la peine de la déportation, des travaux-forcés à perpétuité, la peine de mort, il pourra n'être puni que d'un simple emprisonnement de deux ans.

S'il m'impute un fait qui mérite la peine des travaux forcés à temps, il pourra n'être puni que d'une simple détention pendant un mois (art. 371).

Si ce même calomniateur m'impute *un vice déterminé* qui m'exposerait *au mépris ou à la haine de mes concitoyens*, il ne sera pas puni d'emprisonnement, une simple amende de seize francs peut être la peine de la calomnie dont il sera déclaré *atteint et convaincu !* (Art. combinés 367 et 375.)

Or, il n'y a pas proportion entre la peine et le crime, entre la correction et le délit.

Je ne trouve dans la législation actuelle point de distinction entre les divers caractères des personnes calomniées. Le fonctionnaire public se trouve ainsi confondu avec le simple citoyen, le Roi avec le sujet, et le premier ministre avec le dernier des huissiers. Je suis pour l'égalité politique, mais elle n'exclut pas la hiérarchie des magistratures, et les convenances sociales consacrées par nos mœurs, et même par nos lois.

Si dans sa partie répressive cette loi est incomplète et vicieuse, elle ne l'est pas moins quand elle détermine le mode nécessaire pour établir la preuve des assertions.

L'article 370 du Code pénal porte : *lorsque le fait imputé sera légalement prouvé vrai, l'auteur de l'imputation sera à l'abri de toute peine. Ne sera considérée comme preuve légale que celle qui résultera* D'UN JUGEMENT OU DE TOUT AUTRE ACTE AUTHENTIQUE.

Un écrivain qui imputerait soit à un fonctionnaire public, soit à un simple particulier *un vice déterminé* qui ne serait pas punissable d'après la loi, ne pourrait donc jamais être absous de l'accusation en calomnie, puisqu'il ne serait pas possible qu'il y eût eu contre ce fonctionnaire ou ce particulier des jugements qui eussent établi qu'il a été condamné comme coupable de ce même *vice*, qui, quoique *déterminé*, n'était cependant pas punissable d'après la loi. L'ivrognerie, la fureur pour le jeu, l'avarice, la cruauté, sont bien des *vices déterminés* qui exposent ceux qui en sont atteints, au mépris ou à la haine des citoyens.

Mais cependant un individu peut se saouler du matin au soir, un autre peut passer la nuit et le jour à perdre sa fortune et la dot de son épouse à la rouge et à la noire ; Harpagon peut idolâtrer sa cassette, le cruel trouver de l'amusement à couper les têtes de mouche dans son enfance, et celles de ses mulets dans son adolescence, sans qu'il intervienne jamais à ce sujet des jugements contre eux.

Alors comment soumettre à rapporter une preuve d'un *vice vrai*, dont la ville aura été le témoin, et qui n'existera pas dans un jugement, par la raison que ce *vice* n'est point punissable d'après la loi ?

A défaut de jugement, l'article 370 exige, de la part de l'écrivain, un *acte authentique* qui établisse la vérité du *vice* reproché.

Si cet article exige ce qui peut être impossible, quant au jugement, est-il plus en harmonie avec la raison quand il soumet l'écrivain à rapporter un acte authentique dans l'hypothèse que j'examine ? Non, sans doute, car il serait absurde d'imaginer qu'un ivrogne, ou un joueur, ou un avare, ou un cruel, allassent reconnaître pardevant un notaire et deux témoins qu'ils sont respectivement enclins à ces *vices déterminés*.

Cette loi est donc très vicieuse, puisqu'elle exige impérativement de l'écrivain un genre de preuve qui peut ne pas lui être possible d'administrer de la seule manière qu'elle l'admet.

Ainsi la vérité, dans certains cas, devrait être déclarée calomnie, et celui qui dirait vrai, puni comme un calomniateur, puisque l'article 368 *répute fausse toute imputation à l'appui de laquelle la preuve légale n'est point rapportée.*

Jamais législateur, avait-il dit, quoiqu'un fait soit positif, *il sera réputé faux*, à moins qu'il ne soit prouvé d'une manière telle qu'il puisse n'être pas possible de le prouver ? Jamais législateur avait-il exigé, pour *preuve légale*, un jugement qu'on a pu ne pas rendre d'après la loi ?

Si nous examinons cette loi sous le rapport des *faits précis* qu'un écrivain peut citer à la charge soit d'un fonctionnaire public ; soit d'un simple particulier, il paraîtrait au premier coup-d'œil que le législateur a bien fait d'exiger de la part de l'écrivain accusateur, qu'il rapportât soit un jugement, soit un acte authentique qui constatât la réalité du fait qu'il impute. Mais cependant que de faits répréhensibles et même criminels qui ont échappé à la vindicte publique, et que leurs auteurs se sont bien gardé d'aller consigner dans les protocoles des tabellions !

Et cependant un écrivain, ami du bien public, que l'aspect du vice, du crime triomphant, indigne, voyant un homme profondément immoral se ranger au nombre de candidats, ne pourra le signaler à ses concitoyens comme indigne de leur confiance, sans être dans la nécessité forcée de se voir condamner comme un vil calomniateur !

A force d'hypocrisie en politique comme en religion, un homme, doublement tartufe, aurait trompé le ministère et le chef suprême de l'Etat, il aurait surpris leur confiance ; dans les fonctions qui lui auraient été déléguées, il exercerait un brigandage réel ; ministre de Thémis, il serait associé avec un officier ministériel, et sa voix ne s'élèverait jamais qu'en faveur des conclusions de son collègue : sous le règne de la tyrannie, il en aurait été le plus vil adulateur et l'agent le plus actif de ses fureurs en son agonie ; sous celui de la légitimité, il aurait été le moteur réel des excès les plus atroces qu'elle réprouve : et je ne pourrais signaler un tel être, s'il existait, au souverain et à l'opinion publique , sans être condamné comme un calomniateur ! Cela ne saurait être. C'est cependant ce qui devrait arriver , si la législation actuelle était maintenue.

On a perdu de vue , en posant ces articles , un principe universellement reconnu , qui est que TOUT ACCUSÉ a le droit de prouver son innocence par tous les moyens que la vérité peut lui suggérer.

On n'a plus fait attention que l'écrivain était devenu ACCUSÉ , d'accusateur qu'il était dans le principe. On a continué de le considérer comme accusateur , et comme dans le droit civil nous disons à ceux qui demandent plus de cent cinquante francs , montrez-nous le jugement ou l'acte authentique qui vous les garantit , sans quoi votre demande sera rejetée , on a dit , dans le droit criminel , produisez le jugement ou l'acte authentique qui justifie la vérité de votre imputation ; mais dans le civil , le défaut de justification de la demande n'en entraîne que le rejet , et ici elle amène une peine. Pour que cette peine puisse être prononcée , il faut qu'il existe une plainte contre l'écrivain. Il ne comparaît pas devant ses juges comme accusateur , mais bien comme accusé ; puisqu'il est accusé , il doit avoir toute la latitude qu'ont les accusés pour établir leur innocence.

Et cette vérité devra être reconnue d'autant plus dans le projet de loi qui découle des principes ci-dessus posés , que la calomnie pourra, dans certains cas , être punie d'une peine bien plus forte qu'une simple amende ou quelques mois de détention.

Qu'une peine réellement afflictive frappe ces vils folliculaires , ces calomniateurs émérites, l'opprobre de la littérature comme de la société ; mais honneur et protection légale aux écrivains généreux, pour lesquels le triomphe de toute espèce de vérités est le premier mobile.

En vrai Français, je voudrais la liberté de la presse. En vrai Français je voudrais qu'elle ne pût être qu'utile à ma patrie et à mes semblables. J'abhorre la calomnie ; elle m'a tant poursuivi, tourmenté, elle a tant fait de mal aux hommes ! Je pardonne à l'esprit humain les erreurs en théorie, mais je voudrais que ce qui est réellement crime partout, fût partout détesté comme crime.

Quest-ce que le crime ? c'est l'opposé de la justice. La justice, pendant ou après les convulsions intestines, c'est la modération : je sais que toutes les passions se soulèvent dans le cœur humain contre cette vertu, ce trésor de la sagesse. Que produit cette irritation ? l'effusion du sang, des larmes, des ruines, des regrets.

L'esprit de parti trouve la liberté dans la tyrannie, le zèle dans la fureur, le crime enfin dans la modération.

Les belles-lettres calment cette fièvre ardente ; pour un écrivain en délire on en trouve cent en raison.

Punissons la calomnie. Encourageons, soutenons, défendons la vérité.

Dans le doute de ce qui, en certaines matières, est réellement vérité, prenons le côté de ce qui paraît devoir être le plus utile aux hommes.

Croyons et publions qu'il existe une partie de nous-mêmes qui n'entre point dans la nuit des tombeaux. Que cette croyance puisse devenir un article de foi, surtout pour les hommes appelés au gouvernement de leurs semblables ! S'ils ne font pas le bien pour le bonheur qu'il y a à faire des heureux, que l'avenir armé de serpents soit donc présent à leurs yeux pour les arrêter dans le pouvoir de nuire, et si l'idée des Champs-Elysées pour les *Ti-*

3..

moléon et les *Titus* ; d'un ciel, pour les Henri **IV**, les Léopold et les Washington, n'est pas capable de les émouvoir, qu'on invente, j'y consens, des Tartares pour les Tibère et les Néron, et des Enfers pour les traîtres, les hypocrites et les oppresseurs des peuples.

CHAPITRE III.

De l'amélioration à faire à la Loi actuelle, qui forme notre Code pénal.

Puisqu'il est reconnu que le Code d'instruction criminelle n'a pas réuni les suffrages des hommes de loi, faudra-t-il pour la répression des abus de la liberté de la presse, créer un mode de procéder différent de celui qui existe aujourd'hui ?

J'eusse été pour l'affirmative, si la création de nouveaux tribunaux n'en eût pas été la conséquence. Mais l'État a déjà bien assez de magistrats judiciaires, les frais relatifs à cette partie sont déjà assez forts, pour ne pas multiplier et les uns et les autres.

Ce seront donc les tribunaux correctionnels avec un jury, qui connaîtront des crimes et des délits qui peuvent résulter des abus de la liberté de la presse. J'eusse mieux aimé les attribuer aux cours d'assises, c'eût été plus dans l'ordre ; mais dans les départements les cours d'assises ne se réunissent que par intervalle, au lieu que les tribunaux correctionnels sont à demeure fixe ; et ont un président en permanence.

Lorsque j'habitais la province, nous nous plaignions souvent de ce que la France entière semblait, aux yeux du gouvernement d'alors , concentrée dans Paris. Aujourd'hui que je suis domicilié à Paris , je partage un peu l'opinion qui me paraissait mauvaise à cette époque , en ce que je n'abandonne que malgré moi l'idée d'une cour spéciale unique , qui eût siégé dans la capitale , exclusivement chargée de juger les crimes résultant des abus de la liberté de la presse.

On m'objecte qu'il y a des écrivains et des imprimeurs en province ; que s'ils excèdent les bornes de la liberté , pour s'élancer dans une licence criminelle , il ne serait pas juste de forcer les plaignants , les accusés , les témoins à quitter leurs foyers, pour venir plaider ou déposer à deux cents lieues de leurs domiciles.

Je cède à ce motif , mais je n'en persiste pas moins à penser que les procès criminels sur cette matière seront très rares , et que sur cent qu'il s'en présenterait , il y en aurait quatre-vingt-dix-neuf qui prendraient naissance à Paris. Or le législateur dispose pour la généralité et ne voit pas les exceptions.

Comme je suis pour l'égalité politique , tant relativement aux individus qu'aux départements , je n'insiste pas sur ce point , et laisse au gouvernement de peser dans sa sagesse si ma première idée ne m'était suggérée que par l'esprit de localité que l'on prend souvent sans qu'on s'en doute , et qu'on dit ordinaire aux habitants des rives de la Seine.

CHAPITRE IV.

Des Imprimeurs.

L'imprimeur d'un écrit calomnieux est - il le complice de l'écrivain ?

Nous devons reconnaître en principe, que l'imprimeur

étant un simple ouvrier mécanicien, ne saurait être complice de l'écrivain. Ainsi je ne balance pas à l'affranchir de toute peine, soit correctionnelle, soit criminelle.

Mais cependant, comme je veux réellement la fin, et que je dois vouloir tous les moyens qui doivent m'y conduire, j'estime que dans le cas où un auteur convaincu de calomnie serait insolvable au point de ne pouvoir payer les frais de la procédure, l'imprimeur devrait en être passible.

Admettez qu'un *insolvable* est convaincu de calomnie, ou d'être l'auteur d'un ouvrage obscène, comment, tout en obtenant condamnation contre le coupable, le citoyen calomnié, ou le trésor public, parviendraient-ils à récupérer les frais qu'ils auraient été forcés d'exposer?

Si d'un autre côté, l'impunité consiste en partie dans l'insolvabilité, sera-t-il difficile à un calomniateur, à un imprimeur avide, d'obtenir, avec quelques écus, la signature d'un mendiant auquel, en cas de poursuite et de condamnation, on aurait promis un salaire?

On me dira que la condamnation aux frais entraîne la contrainte par corps; mais l'exercice de la contrainte par corps n'est pas gratuit.

On m'objectera encore qu'en affranchissant l'écrivain de la censure ministérielle, je le soumets à la censure forcée de l'imprimeur.

Je réponds que cette censure se réduit à bien peu de chose, et qu'elle est d'une facilité telle que le moindre ouvrier est en état de l'exercer.

Y a-t-il des imputations à charge contre un individu quelconque?

Y a-t-il des outrages à la pudeur?

Voilà deux questions qu'il a à résoudre, quand on lui présente un ouvrage à imprimer ou à acheter? Cela n'est pas difficile à reconnaître. Dans l'un ou l'autre de ces deux cas, il doit s'assurer si l'auteur est solvable. Si, sous ce rapport, l'auteur ne lui présente pas une garantie suffisante, il rejettera son offre. Les mœurs et la société n'y perdront rien. Ils sont bien censeurs pour mettre un prix aux ouvrages qu'ils impriment ! Il n'y a donc pas trop de rigorisme à leur imposer l'obligation de s'assurer de la solvabilité d'un auteur qui parle contre un citoyen, ou qui outrage la pudeur, au moins pour la valeur approximative des dépens.

Et d'ailleurs ne savons-nous pas que des ouvrages obscènes, ces pestes des mœurs, sont recherchés par des imprimeurs avides de gains illicites ? Il importe à la morale que ces écrits pernicieux disparaissent, et que tous ceux qui coopèrent à leur composition et à leur publicité, soient punis et dans leur personne et dans leur fortune. Nos lois d'exception ont créé ce que nous appelons des *hommes-machines.* Quand nos lois d'exception auront disparu, quand le crime seul sera crime, les écrivains n'auront plus recours à cette ressource.

L'imprimeur cependant devra être complice quand il aura manifesté la volonté de vouloir l'être, c'est-à-dire, quand l'ouvrage sera anonyme ou pseudonyme.

L'auteur d'un ouvrage doit toujours être connu de l'imprimeur. S'il y a délit à calomnier, il y a quelque chose de plus, alors qu'on se cache, en calomniant. Si, pour donner vogue à des calomnies, un assassin moral prend un nom supposé, le public, qui ignore *ce faux*, ajoute d'autant plus foi aux assertions accusatrices, qu'un *nom* paraît garantir leur véracité.

Il y a *faux* de la part de l'auteur, il y a complicité de la part de l'imprimeur. Si l'ouvrage est déclaré calomnieux, la perversité dans l'intention , la lâcheté dans l'accusation, le *faux* dans la garantie promise , doivent donc avoir un caractère non moins odieux que criminel.

Il faut, je pense, avoir été déchiré soi-même par le stylet de la calomnie , de toutes ces manières , pour apprécier ces nuances et les faire ressortir aux yeux des législateurs, afin qu'ils établissent une juste gradation dans les peines , pour l'avenir , puisqu'il n'en existe presque point pour le passé.

CHAPITRE V.

Du Jury.

Je ne disserterai pas pour prouver que les délits ou crimes résultant de l'abus de la presse , doivent être déclarés par un jury. Je regarde cette question comme résolue , en faveur de l'établissement de cette institution. Cette innovation dans notre procédure correctionnelle , et la composition de la liste des jurés, sur laquelle chaque jury aurait été tiré, m'avaient d'abord fait composer un nouveau Code d'instruction correctionnel et criminel. Mais j'ai pensé que je ne parviendrais pas à faire reconnaître la nécessité d'un Code d'instruction nouveau, sur une espèce particulière de délits et crimes , alors qu'un Code général existerait encore.

Je crois que le gouvernement, dans la révision du Code d'instruction et du Code pénal , dont il ne peut manquer de s'occuper d'après les plaintes des jurisconsultes de toute la France, étendra le jury aux délits correctionnels , et qu'alors cette institution salutaire étant généralisée , mon travail particulièrement affecté aux délits et *crimes* de la presse, serait inutile dans ce moment, je me bornerai donc à donner la partie de mon projet de loi nécessitée par l'innovation du jury adapté au délit correctionnel, auquel j'attribuerai la connaissance et le paiement des crimes de cette espèce. Il ne doit plus y avoir deux degrés de juridiction pour un délit ou crime une fois constaté par un jury.

CHAPITRE VI.

De la Compétence.

Devant quel tribunal le plaignant devra-t-il porter sa plainte? Le Code actuel statue qu'il est libre à l'accusateur de citer le prévenu devant le tribunal du lieu où le délit a été commis, devant celui où réside le prévenu, devant celui du lieu où il pourra être trouvé.

Dans le procès intenté par M. *Béchu*, aux auteurs du *Censeur européen*, un tribunal de première instance, et successivement la cour d'appel de *Rennes*, avaient décidé que tous les lieux où cet ouvrage avait été exposé en vente, étaient également le lieu où le délit aurait été commis; la cour de cassation a fait justice de ce système. Il était erronné d'après les termes formels de la loi. D'après cette loi, le lieu du délit était le lieu où l'ouvrage avait été imprimé et surtout publié.

Mais faudra-t-il qu'un citoyen de Paris, calomnié ou qui prétend l'être dans un ouvrage imprimé à Marseille, se dérange de ses affaires, qu'il quitte ses foyers, qu'il fasse un voyage, long, pénible, dispendieux, pour aller demander vengeance contre un écrivain calomniateur? Je ne le pense pas. Je crois au contraire qu'il est de toute équité que l'écrivain qui accuse un citoyen soit forcé de venir prouver devant le tribunal du domicile de l'individu qu'il accuse, la vérité de ses allégations, s'il est attaqué en calomnie. D'après mon système d'admettre la preuve testimoniale, quand elle serait offerte par un écrivain, il aurait bien plus de facilité à la faire sur les lieux du domicile de celui qui se prétend calomnié, que partout ailleurs. L'écrivain d'ailleurs est l'agresseur; le choix des armes et du lieu du combat doit appartenir à l'offensé. Il dépend de l'écrivain de parler ou de se taire. Si l'amour du bien public et de la vérité le consume, un voyage de plus ou de moins ne doit point arrêter son zèle.

D'après mon opinion, le citoyen attaqué par un écrivain aura donc la faculté de l'attaquer, à son choix, ou devant le tribunal de son propre domicile, ou devant celui du lieu où la publication a été faite, ou devant celui du domicile de l'écrivain.

M. *Béchu* aurait donc le droit, *à l'avenir*, de citer *MM. Comte* et *Dunoyer* devant le tribunal de son domicile? Oui, sans doute, le législateur ne connaît personne, ou connaît également tout le monde. Pourquoi ferait-il voyager l'un plutôt que l'autre?

Amicus Plato , magis amica æquitas. Si telle avait été la loi, la cour de Rennes ne l'aurait point violée, et la cour régulatrice n'aurait point cassé son arrêt

D'après mon avis, la partie plaignante pourrait également citer, à son choix, l'écrivain en personne, à son domicile réel ou à celui de l'imprimeur, de l'ouvrage qui donne lieu à la plainte. Le motif de cette faculté est facile à expliquer. Un auteur malveillant, un vil écrivassier pourrait aisément cacher son domicile, en changer, se soustraire ainsi à une assignation. Le domicile de l'imprimeur au contraire est toujours fixe et connu, et celui-ci doit nécessairement connaître l'auteur.

CHAPITRE VII.

De la Publication.

La loi du 9 novembre contiendrait une absurdité, si elle faisait consister la publication dans la remise même du manuscrit à l'imprimeur.

La publication ne peut pas avoir lieu avant la publication. Il est impossible qu'une chose soit et ne soit pas. On ne peut pas changer l'acception des mots. Quand le législateur disposera que la publication a lieu dès que l'ouvrage imprimé est déposé à la bibliothèque royale, il donnera une définition sage et vraie de la publication.

Quand il disposera que la publication a eu lieu le jour de la remise par l'imprimeur, à l'auteur, d'un nombre déterminé d'exemplaires que celui-ci ne pourrait pas représenter au même nombre, la définition sera encore exacte.

Mais quand il décidera qu'elle a eu lieu alors que *tous les exemplaires* sortis des presses sont encore en ballots, alors que l'auteur reconnaissant que son ouvrage pourrait nuire à la cause qu'il veut défendre, déclarera qu'il est prêt à le livrer aux flammes, je dis et je soutiens que la publication n'a pas eu lieu ; et puisqu'*en fait* elle n'a pas eu lieu, mille lois déclareraient le contraire, qu'il n'en sera pas moins vrai qu'elle n'a pas eu lieu.

Sous ce rapport, la fin de non recevoir présentée par MM. *Chevalier* et *Raynaud*, dans la dernière affaire pour laquelle ils ont été condamnés, méritait d'être soutenue, plaidée, développée.

Il fallait remonter aux grands principes d'après lesquels il est impossible qu'un législateur ait voulu punir une con-

travention qui n'existe pas : il est vrai qu'il y avait eu tentative , qu'elle avait été manifestée par des actes exté-
rieurs et suivis même d'un commencement d'exécution ;
mais par qui cette tentative avait-elle manqué son effet ?
C'était par la volonté de leurs auteurs ; et alors les principes éternels de justice ne distinguent-ils pas la tentative , du crime lui-même ? Or le crime , le délit en matière d'écrits consiste dans la publication , et la publication n'ayant pas eu lieu , par suite de la volonté formelle
de l'auteur , il n'y avait donc point de délit parce qu'il n'y
avait pas de publication. C'est la publication , c'est la publicité que le législateur a voulu prévenir , c'est son intention qu'il faut exécuter , c'est l'esprit de sa loi qu'il faut
suivre , et non hébraïquement les termes qu'il a employés
pour exprimer sa volonté. Certes tous les articles du Code
civil ont été solennellement , largement , profondément
discutés ; prenez l'article 738 de ce Code , ne *comprenez
pas l'auteur commun* dans la ligne , ainsi que le dispose lit-
téralement le premier alinéa de cet article , la conséquence
qui compose le second alinéa est fausse dans toutes ses
applications : mon frère est mon collatéral au premier degré , mon oncle au second et mon cousin-germain au troisième ; donc que pour que la conséquence voulue par le
législateur soit vraie , il faut que je compte au contraire
l'auteur commun dans ma ligne. Ainsi , je dis de moi à
mon père un degré, de mon père à mon frère un degré,
donc je tiens à mon père au premier degré , et au second
à mon frère , etc. Si un vice de rédaction aussi essentiel
n'a pas été aperçu dans la rédaction de la loi sur les
successions , devons-nous être étonnés de trouver dans la
loi du 9 novembre celui que je relève ?

Ici , qu'a voulu le législateur du 9 novembre ? Punir la
publication ou la publicité de tout écrit qui tendrait à

affaiblir le respect dû au Roi. Que fait la remise à l'imprimeur, l'impression de l'écrit, alors qu'il est positif que le délit qu'a voulu punir le législateur n'a pas été commis? La punition ne pouvait être dans sa pensée que la conséquence forcée du fait ; la conséquence ne peut être appliquée alors que le fait n'a pas été accompli.

Un vice de rédaction doit-il amener des condamnations, soit au civil, soit au criminel?

On dira : « Le délit consiste non seulement dans la pu- » blication, mais même dans la seule remise du manus- » crit à l'imprimeur. » Alors le *seul fait* de la remise du manuscrit à l'imprimeur constitue le délit. Voilà le vice dans la rédaction ; car qu'a voulu le législateur ? Il a voulu prévenir la publicité. La remise à l'imprimeur est un commencement d'exécution du fait punissable ; mais si celui qui a remis le manuscrit le retire lui-même, avant que la justice le saisisse, et s'il le retire dans l'intention de le brûler, il n'y a plus de délit, parce qu'il n'y a plus de publicité ; l'intention du législateur est remplie. Le législateur n'a donc considéré, n'a pu considérer la remise à l'imprimeur comme un délit, qu'autant qu'elle était un commencement d'exécution, et en ce sens une *tentative* punissable comme le *délit* même. Mais ce principe consacré par nos lois existe en sens contraire, alors que l'auteur de la *tentative* s'arrête et recède de sa volonté primitive, alors enfin que c'est par une nouvelle volonté, volonté positive de l'auteur, que ce qui devait devenir public ne le devient pas. Depuis qu'il existe des sociétés sur la terre, a-t-on vu une loi qui ait défendu à l'homme de changer de volonté ? qui lui ait défendu de se repentir d'un projet irréfléchi, coupable, criminel, et d'y renoncer? Jamais législateur a-t-il confondu le projet avec l'exécu-

tion , alors que l'exécution n'aurait point lieu par la volonté de l'auteur du projet?

Ah ! si la police instruite par ses agents avait saisi le manuscrit chez l'imprimeur , comme dans l'esprit de la loi
du 9 novembre , on ne devait remettre à l'imprimeur un
manuscrit que pour le rendre public , MM. *Chevalier* et
Raynaud se seraient alors réellement trouvés dans le cas
prévu par cette loi , et frappés d'après nos principes ,
puisque l'exécution de leur délit aurait manqué son effet
par des circonstances indépendantes de leur volonté , puisqu'il n'aurait pas dépendu d'eux que leur manuscrit ne
fût publié.

J'étais présent à l'audience où ces deux écrivains oppo-
sèrent eux-mêmes cette *fin de non recevoir* à l'accusation
portée contre eux par le ministère public , tirée de ce
qu'ils avaient eux-mêmes , après mûre réflexion , empêché
la publicité de leur ouvrage , et je regrettai beaucoup ,
dans leur intérêt , qu'elle ne fût pas développée d'après
le véritable esprit de la loi du 9 novembre. Les magistrats,
y compris M. le substitut qui remplissait les fonctions du
ministère public , qui donnaient cette audience , me pa-
raissent trop instruits et trop justes pour n'avoir pas
prêté toute leur attention à cette discussion ; et comme
ils sont tous connus par leur intégrité , leur impartialité
et leurs lumières , il est très possible , il est vraisemblable
que la lettre de la loi eût été séparée de son esprit , ou
pour mieux m'exprimer , qu'elle eût été interprétée et appliquée selon son esprit.

Dans mon projet de loi j'éviterai cet inconvénient. La
publication pour les journaux datera du jour de leur distribution , c'est-à-dire , de la date de chaque numéro , et
pour tous les autres ouvrages , du jour de la remise à la
bibliothèque royale.

CHAPITRE VIII.

De la Prescription.

La prescription , pour les délits , serait acquise par le laps d'une année , si, dans cet intervalle, il n'a été fait aucune poursuite par la personne qui se prétendrait calomniée.

Elle le serait par deux ans , pour les crimes de calomnie.

Elle commence à courir en faveur des journalistes et des autres auteurs, à dater du jour de la publication de leurs ouvrages.

Elle ne saurait courir en faveur de ceux des auteurs qui n'auraient pas donné à leurs ouvrages la date certaine exigée pour leur publication.

Abordons la grande dificulté.

Sauf les quatre chapitres qui précèdent , tout ce que j'ai écrit ci-dessus a été pour légitimer le premier article, qui doit former presque à lui seul toute la législation sur cette partie.

PROJET DE LOI.

SECTION PREMIÈRE.

Art. 1er. L'abus de la liberté de la presse existe dans la calomnie ,

Dans la provocation directe au renversement du gouvernement constitutionnel,

Dans les ouvrages obscènes qui outragent la pudeur.

Art 2. L'abus de la liberté de la presse se divise en délit et en crime.

Art. 3. Il y a délit lorsque l'écrivain impute faussement à un simple citoyen un vice, ou des vices déterminés qui, s'ils étaient vrais, l'exposeraient au mépris ou à l'animadversion de ses concitoyens.

Art. 4. Il y a délit lorsque l'écrivain outrage la pudeur.

Art. 5. Il y a crime lorsque l'écrivain impute faussement au chef suprême de l'état, aux princes et princesses de sa famille, à ses ministres, à des fonctionnaires publics, des vices déterminés ou des faits qui exposeraient celui d'entre eux contre lequel la calomnie serait dirigée, au mépris ou à l'animadversion du peuple.

Art. 6. Il y a crime lorsque l'écrivain impute faussement aux magistrats désignés en l'article ci-dessus, ou à un simple citoyen, un crime ou des crimes qui seraient punissables de la peine de mort, des travaux-forcés à perpétuité, des travaux-forcés à temps, ou même de peines afflictives ou infamantes.

SECTION II.

Art. 7. Les délits et les crimes résultant de l'abus de la presse seront jugés par les tribunaux correctionnels, assistés d'un jury.

Art. 8. Dans le département de la Seine, ce jury se composera des membres de l'académie française; des professeurs des écoles royales et des lycées publics; des avocats, exerçant près les cours ou tribunaux de la capitale; des imprimeurs; des auteurs connus par des ouvrages qui, réunis, pourraient au moins former un volume de cinq cents pages, domiciliés à Paris, et de quatre cents électeurs de Paris, tirés au sort chaque année, par le président du tribunal en audience publique, sur la liste générale qui lui sera transmise par M. le préfet du département de la Seine.

Un règlement particulier déterminera le mode de composer la liste de ce juri général. Elle sera transmise au procureur du Roi, lequel en requerra la transcription au greffe du tribunal.

Art. 9. Dans les autres arrondissements des départements, le juri général se composera des hommes de lettres domiciliés dans chaque arrondissement ; des avocats, avoués, notaires, imprimeurs, professeurs des lycées publics, et de cent électeurs tirés au sort sur la liste générale des électeurs de l'arrondissement.

Le règlement annoncé dans l'article ci-dessus déterminera également le mode dont sera formée cette liste qui sera transmise au procureur du Roi près le tribunal par le préfet du département.

Art. 10. Les ministres d'un culte quelconque, et les citoyens âgés de moins de trente ans et de plus de soixante-cinq, n'entreront point dans ces juris.

Art. 11. Le ministère public poursuivra l'écrivain qui serait prévenu du crime résultant de l'abus de la presse, contre le Roi, sur l'ordre du ministre de la justice, et d'office contre l'écrivain qui aurait livré à l'impression un ouvrage obscène.

Art. 12. Toute personne, même le procureur du Roi, qui voudra poursuivre un écrivain comme prévenu du délit ou du crime de calomnie, exposera les griefs de sa plainte dans une requête qu'il présentera au président du tribunal, et demandera à ce qu'il lui plaise de fixer le jour de l'audience. Il ne pourra, à l'audience, citer comme calomnieux à son égard, d'autres passages de l'ouvrage que ceux qu'il aura transcrits dans sa requête en plainte.

4

Art. 13. Dans le délai de trois jours, le président sera tenu de répondre la requête d'une ordonnance mise au bas, fixant le jour de l'audience au délai de deux mois au moins, et de quatre au plus.

Art. 14. Le plaignant en calomnie peut, à son choix, assigner l'écrivain qu'il accuse, soit en personne, soit à son domicile, soit à celui de l'imprimeur de l'ouvrage qui donne lieu aux poursuites.

Art. 15. Le plaignant en calomnie peut, à son choix, citer l'écrivain qu'il accuse devant le tribunal de son propre domicile, ou devant le tribunal du domicile de l'écrivain.

Art. 16. Si l'écrit qui donnerait lieu à la plainte avait été imprimé à l'étranger, celui ou ceux qui en auraient fait la distribution en France pourraient être poursuivis et punis comme s'ils en étaient les auteurs. Ils devraient être assignés en personne ou à leur domicile légal, et traduits en jugement devant le tribunal de leur propre domicile.

Toute preuve serait permise à l'accusateur pour établir l'introduction et le débit ou distribution, sauf et réservé à l'accusé toute preuve contraire.

Art. 17. Dans la huitaine qui suivra la date de l'ordonnance rendue par le président du tribunal, outre le délai d'un jour, par cinq myriamètres de distance, le plaignant en calomnie assignera l'écrivain à comparaître devant le tribunal; il lui fera signifier par le même exploit, copie de sa requête en plainte, de l'ordonnance, ses conclusions, et le citera au lieu, jour et heure indiqués par la susdite ordonnance.

Art. 18. L'imprimeur de l'ouvrage qui donne lieu aux poursuites, au cas de culpabilité et d'insolvabilité de l'auteur, est responsable des frais du procès envers le citoyen calomnié ou envers l'état.

Art. 19. Si le plaignant en calomnie veut exercer cette garantie contre l'imprimeur, et qu'il assigne l'écrivain, soit en personne, soit à son domicile réel, il fait signifier la requête en plainte, l'ordonnance du président, copie de l'assignation donnée à l'écrivain, et cite l'imprimeur, aux fins de se voir condamner, au cas de culpabilité et d'insolvabilité de l'auteur, aux frais de la procédure ; si l'accusé est assigné au domicile de l'imprimeur, celui-ci est suffisamment mis en cause, si, dans la citation pour l'écrivain, le plaignant prend des conclusions contre l'imprimeur en cas d'insolvabilité de l'écrivain.

Art. 20. Si le plaignant en calomnie assigne l'écrivain au domicile de l'imprimeur, celui-ci est tenu de lui faire signifier, dans les trois jours, outre le délai voulu par l'article 17, copie des pièces laissées à son domicile, sous peine d'être responsable de l'ouvrage, comme s'il en était l'auteur.

Art. 21. Si l'ouvrage qui donne lieu à la plainte est anonyme, l'imprimeur en est responsable, à moins qu'il ne fasse connaître l'auteur et ne l'assigne directement devant le tribunal, aux fins qu'il ait à répondre sur la plainte.

Art. 22. Si le nom prétendu de l'auteur est pseudonyme, et que l'ouvrage soit attaqué comme calomnieux, si l'imprimeur n'a pas mis son nom sur l'ouvrage, il est, par ce fait, complice de l'écrivain. Le citoyen qui se prétend calomnié a le droit de prouver, par toute sorte et manière de preuves, que l'ouvrage a été imprimé chez l'imprimeur accusé, et qu'il a été fait par l'auteur qu'il accuse. Toute preuve contraire est réservée à l'auteur et à l'imprimeur accusés.

Il n'est point dérogé, par le présent article, à la 4ᵉ. section du chapitre Iᵉʳ., titre II du troisième livre du Code pénal.

4..

Art. 23. Quinze jours francs avant celui où le jugement doit avoir lieu, le président du tribunal, le tribunal étant réuni en séance publique, fera apporter sur le bureau la liste du juri général.

Les noms des citoyens qui le composent seront écrits sur des billets par le greffier, pliés et mis dans une urne.

L'huissier de service tirera successivement de l'urne les noms de cent jurés. Le président proclamera ces noms, et le greffier dressera procès-verbal de ce tirage au sort.

Ce procès-verbal sera communiqué à réquisition sans frais, soit à la partie plaignante ou à ses conseils, soit à l'accusé ou à ses conseils.

Art. 24. L'accusé aura le droit de récuser cinquante jurés. Cette récusation devra être exercée dans les cinq jours du tirage au sort; elle sera signifiée au greffier par exploit.

Art. 25. Dans les trois jours qui suivront l'expiration des cinq jours dont il est parlé en l'article ci-dessus, soit que l'accusé ait exercé des récusations, soit qu'il n'en ait pas exercé, la partie plaignante aura le droit de faire une récusation de trente-cinq jurés. Les quinze jurés restant composeraient le juri au nombre de douze; et les trois derniers, d'après le rang fixé par le sort, seraient suppléants.

Art. 26. Au cas qu'il n'intervienne point de récusation, ou qu'il n'y ait que des récusations partielles, les quinze jurés, venant alors en premier ordre, composeraient le juri, ainsi qu'il a été spécifié dans l'article précédent. Ils prendront sur leurs siéges le rang que le sort leur aura donné.

Art. 27. Cinq jours avant le jugement, le président

convoquera, par lettres, les quinze jurés. Si certains d'entre eux étaient dans l'impossibilité d'assister à l'audience, ils en justifieraient à ce magistrat dans les vingt-quatre heures. Le président appellerait, dans ce cas, les jurés non récusés, d'après le rang donné par le sort. En cas de récusation entière, il tirerait au sort parmi les jurés un nombre triple des jurés manquants dans la liste générale, les convoquerait par lettre au jour de l'audience, et sur cette liste triple, l'accusé pourrait récuser le tiers, le plaignant ensuite aurait la même faculté, et le tiers restant compléterait le juri.

Il sera procédé par le tribunal, en audience publique, avant de procéder au jugement de la cause, sur le mérite des exoines des jurés ; et dans le cas où ces exoines seraient trouvés insuffisants, ou qu'ils ne se seraient pas rendus à l'appel du président, ils seront condamnés, sur le réquisitoire du ministère public, à une amende de 3oo francs.

Art. 28. Les jurés recevront une indemnité de 6 francs par jour d'audience ou de voyages, à la charge de la partie qui succombera.

Art. 29. L'instruction et le jugement auront toujours lieu en public. L'audience ouverte, les jurés seront appelés et prendront place dans le rang déterminé ci-dessus. Ils prêteront serment individuellement de répondre, en leur ame et conscience, aux questions qui leur seront soumises par le tribunal.

Après cet appel, il sera procédé à celui des témoins cités par les parties.

Après que le président aura demandé à l'écrivain et à l'imprimeur s'il est en cause, leurs noms, prénoms, professions et domiciles, dont il sera tenu note par le greffier, et interrogé le prévenu ou les prévenus sur les faits de la plainte, la partie plaignante, soit par elle-même, soit par un ou plusieurs avocats, exposera l'état de la procédure, les faits de la cause ; elle fera entendre, si le cas l'exige, pour prouver que celui ou ceux qu'elle aura accusés sont les auteurs de l'ouvrage calomnieux, les témoins qu'elle aura fait citer ; elle donnera dans sa plaidoierie tous les développements qu'elle jugera nécessaires à sa plainte, et concluera ainsi qu'elle avisera.

Art. 3o. Si la partie plaignante ou l'accusé ont des témoins à faire entendre, ils s'en feraient respectivement signifier les noms, profession et domicile, huit jours au moins avant le jour fixé pour l'audience ; les motifs de reproches sont les mêmes que ceux établis par l'article 156 du Code d'instruction criminelle, et 283 du Code de procédure civile, en substituant dans ce dernier article l'époque de la plainte à celle du jugement qui ordonne l'enquête.

Le témoin reproché ne pourra être entendu. Le tribunal prononcera sur le motif de reproche sans le concours du jury, et sa décision sera sans appel.

Art. 31. Les motifs de reproche seront proposés au second appel du nom du témoin, et avant qu'il ait été entendu ; aucune des parties ne serait recevable à élever le reproche, soit après, soit même pendant la déposition.

Art. 32. Après que les reproches auront été jugés, ou s'il n'en a point été proposé, le témoin prêtera serment de dire la vérité. Les témoins, non encore entendus, ne pourront rester à l'audience. Ceux d'entre eux qui auraient été cités à la requête de la partie plaignante, se retireront avant qu'elle prenne la parole ; mais ceux qui auraient été cités à la requête de l'accusé, assisteront à l'audience jusqu'au moment où la partie plaignante aura terminé l'exposé de sa plainte. Le greffier tiendra note des dépositions.

Art. 33. Les témoins qui auront été admis à déposer recevront une indemnité par jour, qui ne pourra être moindre de deux francs, ni en excéder cinq, à l'arbitrage du président, et ce indépendamment des frais de route, qui sera la même pour tous les témoins, et de quatre francs par jour à raison de trois myriamètres de distance.

Art. 34. L'accusé et l'imprimeur, s'il est mis en cause, pourront prouver, par toute sorte et manière de preuves, et même par témoins, la vérité du fait, dont l'allégation a donné lieu à la plainte. L'accusé aura le droit de se faire assister dans sa défense d'un avocat, et même de deux ou trois au plus, si bon lui semble.

Art. 35. Le plaignant, à moins qu'il ne soit fonctionnaire public, ne pourra se dispenser d'être présent à l'audience. Le défaut de comparution de sa part équivaut à un désistement formel, sauf le cas de maladie grave, attestée par deux docteurs en médecine ou chirurgie, sous la religion du serment. Dans tel cas seulement, il pourrait se faire représenter par un fondé de sa procuration spéciale, de même que les fonctionnaires publics.

Art. 36. En cas de mort, l'action intentée par la partie plaignante passe à ses héritiers de droit ou institués.

Art. 37. Celui dont le nom figurerait comme auteur d'un ouvrage, et qui prétendrait ne pas en être l'auteur; l'imprimeur, dont on aurait également placé le nom sur le frontispice d'un écrit comme l'ayant imprimé, et qui alléguerait ne l'avoir point imprimé, ne seraient recevables à proposer ces dénégations respectives qu'autant qu'ils auraient désavoué préalablement, l'un d'être l'auteur de cet écrit, l'autre de l'avoir imprimé. Ce désaveu doit être fait dans les feuilles publiques ; ou dans un acte extrajudiciaire signifié à la personne qui pourrait avoir à se plaindre de l'allégation.

Art. 38. Le journaliste qui, avant que des poursuites eussent été commencées, rétracterait dans son journal les faits à charge qu'il aurait| cités contre un citoyen ou fonctionnaire public, susceptibles de donner lieu à une plainte en calomnie, soit sur la réclamation de ce citoyen, soit avant une telle réclamation, serait à l'abri de toute poursuite. Les poursuites sont commencées par la présentation de la requête en plainte au président du tribunal ; toute rétractation postérieure serait tardive et ne saurait les arrêter, à moins que la partie plaignante y consentît.

Art. 39. Tout écrivain a le droit d'appeler en garantie la personne qui lui a transmis par écrit les renseignements qui auraient servi de base aux faits allégués ; mais dans ce cas, si le prétendu garant ne comparaît pas, l'écrivain reste passible de la peine, le cas y échéant, et l'imprimeur de l'insolvabilité de l'écrivain ; sauf ensuite à l'écrivain et à l'imprimeur à exercer contre ce correspondant toute action civile en dommages et intérêts.

S'il comparaît, s'il est condamné, et qu'il soit insolvable, l'écrivain reste passible des dommages et intérêts de l'amende, et solidairement avec l'imprimeur, des frais de la procédure.

Art. 40. L'écrivain accusé paraît à l'audience comme la partie plaignante, et se place à côté de son avocat. Il a la parole le dernier.

Art. 41. La clôture des débats ne sera prononcée par le tribunal qu'après que le président aura demandé aux jurés s'ils sont suffisamment instruits, et sur la réponse affirmative de sept au mo'ns d'entre eux. Les jurés ont le droit d'adresser aux parties et aux témoins toutes les questions qu'ils jugent nécessaires pour éclairer leur conscience.

Art. 42. Les débats étant terminés, le président dresse les questions que la nature de la cause et les débats peuvent faire naître. Elles ne doivent point être complexes.

Si sur cette rédaction il s'élève des contestations, le tribunal, après avoir entendu les parties ou leurs avocats sur leurs conclusions spéciales à cet objet, ainsi que le procureur du Roi, se retire dans la salle du conseil, rédige les questions comme il l'estime, et, par un jugement qui n'est pas susceptible d'appel, les fixe telles qu'elles vont être remises au juri.

Art. 43. Le président ayant remis au chef du juri les questions ainsi arrêtées, ce magistrat adressera aux jurés, debout et découverts, ainsi que le barreau, le discours qui se trouve dans l'article 312 du Code d'instruction criminelle, en ajoutant, après ces mots : *d'examiner avec l'attention la plus scrupuleuse*, ceux-ci : « Qui ont été portées
» contre ***, les raisons qu'il a données pour sa défense,
» les preuves qu'il a administrées, de ne trahir ni les in-
» térêts de la société qui pourrait être atteinte par une
» calomnie contre l'un de ses membres, ni ceux de l'ac-
» cusé s'il a imprimé la vérité, toujours utile à connaître
» aux gouvernements comme aux peuples. »

Art. 44. L'article 343 du Code d'instruction criminelle sera suivi par le tribunal et par les jurés.

Art. 45. Le chef du juri interrogera les jurés selon les questions proposées, et chacun d'eux répondra par *oui* ou par *non*, selon sa conviction.

Art. 46. Les articles 347, 348, 349, 350, 351, 352 et 353 du Code d'instruction criminelle seront suivis.

Art. 47. Dans le cas où les questions qui tendent à faire déterminer si l'accusé est auteur de l'ouvrage qui a donné lieu à la plainte seraient répondues affirmativement, et que celles relatives à la vérité des allégations fussent aussi répondues affirmativement, l'accusé serait acquitté par le tribunal, en tant que l'ouvrage ne serait pas pseudonyme, et qu'il porterait le nom réel de l'imprimeur.

Dans le cas où l'accusé eût pris un nom pseudonyme, et que l'imprimeur de l'ouvrage eût gardé l'anonyme, si le jury déclarait que l'auteur a prouvé ses allégations, il ne lui serait point alloué de dommages-intérêts; l'imprimeur serait passible de l'amende portée par la loi pour cette contravention aux règlements, et l'auteur condamné à un emprisonnement de trois jours, et aux frais de la procédure.

SECTION III.

Art. 48. Si sur la déclaration du jury l'accusé est déclaré convaincu du délit de calomnie, le tribunal le condamne à un emprisonnement qui ne peut être moindre de trois mois, ni excéder trois ans; à des dommages-intérêts envers la partie plaignante, qui ne peuvent être moindres de 3,000 francs, et lesquels, pour le maximum, sont laissés à la sagesse du tribunal, qui a égard à toutes les circonstances que la cause présente; à une amende de 100 francs envers le trésor public et aux frais de la procédure: cette dernière peine est prononcée contre l'imprimeur si elle a été requise contre lui.

Art. 49. Si le ministère public avait été partie poursuivante, c'est-à-dire si l'écrivain était convaincu d'avoir outragé la pudeur, la peine de la détention serait la même que celle établie par l'article ci-dessus. Le coupable serait condamné à une amende qui ne pourrait être moindre de mille francs, ni excéder six mille. Il serait de plus condamné aux frais de la procédure solidairement avec l'imprimeur, et sans préjudice, contre celui-ci, des peines déjà prononcées par la loi pour un délit de cette nature.

Art. 5o. S'il résulte de la réponse du jury que l'accusé est coupable du crime résultant d'abus de la liberté de la presse, le procureur du Roi requerra l'application de la peine. L'accusé ou son avocat pourront répliquer, mais ils ne devront parler que sur l'application de la peine. Le tribunal se retirera ensuite dans la chambre du conseil pour rédiger son arrêt, et le président le prononcera séance tenante.

Art. 51. Si le fait ou les faits imputés dans l'écrit imprimé, reconnus calomnieux, formaient le crime de la première espèce de calomnies prévues en l'article 5 de la présente loi, et que le crime eût été dirigé contre le monarque, l'auteur serait condamné à un bannissement de dix ans, à une amende de six mille francs, et aux frais de la procédure solidairement avec l'imprimeur, quant aux frais, en cas d'insolvabilité de l'auteur.

Si la calomnie était dirigée contre les princes et princesses de sa famille, l'auteur serait condamné à un bannissement de cinq ans, à une amende de trois mille francs et aux frais de la procédure.

Si la calomnie était dirigée contre un ministre, un membre de la chambre des pairs ou des députés, des fonctionnaires publics, civils ou judiciaires gradués, l'auteur serait condamné à un bannissement de deux à quatre ans, à une amende de mille francs, à des dommages-intérêts, dont le *minimum* serait de deux mille francs, et le *maximum* laissé à la justice du tribunal, et aux frais de la procédure comme il est dit ci-dessus.

Art. 52. Si l'abus consistait dans la provocation directe au renversement du gouvernement, ou que le crime de calomnie prévu en l'article 6 eût été commis envers le monarque, l'auteur serait puni d'un bannissesement qui ne pourrait être d'une durée moindre de douze ans, et être même perpétuel selon la gravité de la provocation ou du crime de calomnie, à l'arbitrage du tribunal. Il sera de plus condamné à une amende de six à dix mille francs, et aux frais de la procédure, solidairement avec l'imprimeur en cas d'insolvabilité de l'auteur.

Si la calomnie était dirigée contre un prince ou une princesse de la famille royale, l'auteur serait condamné à un bannissement de six à douze ans, selon la gravité de la calomnie, à une amende de trois à six mille francs, et aux frais comme il est dit ci-dessus.

Si la calomnie était dirigée contre un des fonctionnaires publics qualifiés en l'article ci-dessus, ou contre un simple citoyen, l'auteur serait condamné à un bannissement de deux à dix ans, à une amende de mille à quatre mille francs, à des dommages-intérêts, qui ne pourraient être moindres de six mille francs, et dont le *maximum* est laissé à l'arbitrage du tribunal, selon la gravité de la calomnie et le caractère de la personne calomniée, et aux dépens comme il est spécifié ci-dessus.

Art. 53. Les peines déterminées par les articles ci-dessus seront portées au *maximum*, si l'ouvrage est anonyme.

Si l'ouvrage était pseudonyme et sans nom, ou sous un faux nom d'imprimeur, l'auteur de la calomnie et le véritable imprimeur, son complice, seraient punis des travaux forcés à temps, et condamnés solidairement à une amende de trois mille francs, à des dommages-intérêts qui ne pourraient être moindres de dix mille francs,

et dont le *maximum* serait laissé à l'arbitrage de la cour,
et aux dépens.

Art. 54. Si l'auteur déclaré coupable du délit ou du
crime de calomnie est présent au jugement, il sera arrêté, séance tenante, sur l'ordre qu'en donnera le procureur du Roi, et sera écroué sur ce mandat d'arrêt. L'auteur condamné aura trois jours pour se pourvoir en cassation. Le pourvoi sera déclaré au greffe de la cour qui
aura rendu le jugement dans le susdit délai, à peine de
forclusion.

Art. 55. Le jugement de condamnation ne pourra être
attaqué que pour violation des formalités ci-dessus spé-
cifiées, ou pour fausse application des peines.

Art. 56. Le condamné ne pourra exciper de la violation des formalités qui étaient de son fait; et quant à
celles qui étaient du fait de la partie poursuivante, il ne
pourra en exciper devant la Cour de cassation, qu'autant,
qu'avant toute défense au fond, il les aurait signalées devant le tribunal.

Art. 57. Si l'accusé était acquitté, la partie poursuivante ne pourrait recourir en cassation que pour violation des formes dans les actes de la procédure auxquels
l'accusé était soumis à l'égard de la partie poursuivante.

Art. 58. Dans les procès de cette nature, le ministère
public n'est recevable à se pourvoir en cassation que dans
les causes où il serait partie poursuivante directe.

Art. 59. Si devant le tribunal il est proposé des moyens
de nullités, et que la partie poursuivante soit déclarée en
l'état non recevable, elle sera condamnée aux dépens et
à des dommages-intérêts; dont le montant, dans ce cas,
serait laissé à l'arbitrage du tribunal. La partie poursuivante aura la faculté de recommencer sa procédure.

Le tribunal sera tenu de prononcer, sur les nullités proposées, avant toute plaidoierie et examen au fond ; et le jugement qui interviendrait en rejet des moyens de nullités, quoiqu'interlocutoire, ne serait point suspensif, et il serait procédé de suite au jugement.

Art. 60. Dans le cas où la Cour de cassation annulerait l'arrêt, si c'était pour violation des formalités, le prévenu serait sur-le-champ mis en liberté. La partie plaignante aurait la faculté de recommencer sa procédure, mais elle devrait être recommencée dans le délai d'un mois, sous peine de déchéance. Si c'était pour fausse application de la peine, l'écrivain ne serait mis en liberté qu'autant que dans les dix jours de l'arrêt de la cour, la partie plaignante n'aurait pas déclaré, par exploit à l'écrivain, qu'elle entend se pourvoir pardevant le tribunal désigné. Ce pourvoi est formé par une requête, au bas de l'expédition de l'arrêt de renvoi, au président du tribunal désigné ; elle doit être présentée au président de ce tribunal dans le mois de la date de l'arrêt de la Cour de cassation, à peine de forclusion. Au bas de cette requête, le président fixe le jour de l'audience, ordonne la traduction du prévenu, s'il est arrêté, dans la maison-d'arrêt du tribunal ; et cette traduction est opérée à la diligence du procureur du Roi près le nouveau tribunal, chargé de l'application de la peine. Si la peine consiste en emprisonnement, et qu'elle soit de nouveau prononcée, la durée commencera toujours à l'époque où le coupable aurait été arrêté.

Art. 61. Si les divers délais spécifiés en l'article ci-dessus n'ont pas été utilisés par la partie plaignante, l'écrivain, accusé d'abord et mis en liberté, pourra citer la partie plaignante en dommages-intérêts, par action ordinaire civile, dans le délai du mois qui suivra celui donné à la partie poursuivante pour recommencer ou continuer sa procédure.

Il ne pourra lui être alloué moins de trois mille francs dans le premier cas, et de six mille dans le second ; le *maximum* est laissé à l'arbitrage du tribunal.

Art. 62. Dans l'hypothèse des deux articles ci-dessus, les frais de la procédure seraient à la charge de la partie plaignante.

Art. 63. Si la Cour de cassation, saisie une seconde fois du pourvoi par l'écrivain, cassait de nouveau la procédure, la partie plaignante ne serait plus recevable à former une nouvelle plainte pour le même motif, et la cour prononcerait, dans ce cas, sur les dommages-intérêts, ainsi qu'elle le jugerait convenable.

Art. 64. Si l'écrivain accusé prétend ne pouvoir comparaître pour cause de maladie, seule excuse légitime, il certifiera de cette impossibilité par l'attestation de deux docteurs en médecine, lesquels seront tenus de venir en personne, au jour fixé pour l'audience, affirmer sous la religion du serment que leur certificat atteste la vérité, et n'est point l'effet de la sollicitation ; dans ce cas seulement, il pourra se faire représenter par un avocat, muni de sa procuration spéciale. S'il était condamné, le procureur du roi, chargé de l'exécution du jugement, le ferait garder dans sa maison, jusqu'à sa guérison, par un gendarme sans haute-paye.

Art. 65. L'écrivain accusé qui, sans l'excuse dont il est question en l'article ci-dessus, ne comparaîtrait pas, ne pourrait faire entendre des témoins ni obtenir de défense, le procureur du roi, défenseur légal des absents et chargé néanmoins de la vindicte publique, relèverait, s'il y avait lieu, ce qui pourrait lui paraître favorable ; et après due vérification du défaut, lecture de pièces, et la plaidoirie de la partie plaignante, le jury répondra sur les questions qui lui seront soumises ; et sur ses réponses, l'accusé sera absous ou condamné.

Art. 66 L'accusé défaillant ne peut revenir contre l'arrêt qui le condamne, ni par opposition, ni par recours en cassation, à moins qu'il ne prouve par pièces ou actes authentiques son absence de France à l'époque de l'assignation. En cas d'absolution, il n'a pas droit à des dommages-intérêts ; mais la partie poursuivante serait condamnée à tous les dépens.

SECTION IV.

Art. 67. Si l'écrivain est déchargé de l'accusation, et que la plainte fût de nature à entraîner la condamnation à l'une des peines applicables au délit par la présente loi, la partie poursuivante sera condamnée à des dommages-intérêts, qui ne pourraient être moindre de six mille francs ; le *maximum* est laissé à l'arbitrage du tribunal.

Art. 68. Si la nature de l'accusation eût exposé l'écrivain à l'une des peines applicables au crime par la présente loi, et qu'il soit déchargé de la plainte, les dommages-intérêts en sa faveur ne pourront être au-dessous de dix mille francs ; le *maximum* est laissé à l'arbitrage du tribunal.

Art. 69. Les dommages-intérêts seront toujours prononcés par le jugement de condamnation ou d'absolution.

Art. 70. Dans le cas où un écrivain aurait été traduit en jugement, soit à la requête d'un fonctionnaire public ministre ayant un portefeuille, soit à la requête du ministère public sur une plainte contresignée par un ministre, et que cet écrivain fût acquitté, le *minimum* des dommages-intérêts serait du double fixé aux articles 67 et 68.

Art. 71. Si par quelque événement imprévu, l'audience pour le jugement ne pouvait avoir lieu au jour déterminé, le tribunal renverrait l'audience à un autre jour fixe, toutes assignations de témoins et convocations des jurés tenant, et ce renvoi, qui serait définitif, ne pourrait être fait à un terme moindre de deux mois, et plus long que quatre.

SECTION V.

Art. 72. L'imprimeur est garant d'un écrit anonyme. Sous cette responsabilité, il ne peut être contraint à faire connaître l'auteur de l'imprimé.

Art. 73. Tout imprimeur qui acceptera d'imprimer un ouvrage, sera tenu, avant d'en livrer les exemplaires à l'auteur, ou de les exposer en vente, de déclarer à Paris, au préfet de police, dans toutes les autres villes du royaume, au maire de la commune, qu'il livrera après trois jours, au sieur N.... (exprimer les nom, prénoms, profession et domicile de l'auteur), les exemplaires d'un ouvrage, dont le titre sera spécifié, qu'il lui avait donné à imprimer, ou si le débit de l'ouvrage est laissé à l'imprimeur, qu'il va mettre en vente après trois jours tel ouvrage ; et dans ce cas, si l'ouvrage est anonyme, il pourra, sous sa garantie, ne pas en nommer l'auteur. Sa déclaration sera reçue sur un registre à ce destiné ; elle sera signée par lui ou par un fondé de procuration spéciale à cet effet.

Art. 74. L'imprimeur d'une feuille périodique, avant de livrer au public le premier numéro d'un journal, sera tenu de faire devant les magistrats, désignés en l'article ci-dessus, une déclaration portant le titre du journal qu'il va imprimer, et les noms des propriétaires ou actionnaires.

Art. 75. Faute par l'imprimeur d'avoir satisfait aux dispositions des deux articles ci-dessus, ou s'il était ensuite prouvé que cette déclaration était simulée, et que l'écrit imprimé donnât lieu à une poursuite correctionnelle ou criminelle, si l'auteur ou les auteurs étaient acquittés, il ne leur serait point alloué de dommages; et s'ils étaient condamnés, l'imprimeur serait puni comme leur complice.

Art 76. L'action correctionnelle pour la poursuite d'un délit de calomnie se prescrit par six mois, et l'action criminelle par un an.

Art. 77. Le délai de la prescription court à dater des époques de la publication des ouvrages; elle ne court pas en faveur d'un auteur pseudonyme ou d'un ouvrage sans nom ou sous un faux nom d'imprimeur.

Art. 78. L'époque de la publication date pour les journaux du jour de la distribution de la feuille qui donne lieu à la plainte.

Art. 79. La publication des autres ouvrages ne date que du jour où, sur la remise des cinq exemplaires ordonnée par la loi de juillet 1793, un exemplaire a été déposé à la bibliothèque royale à Paris. Cette remise sera constatée désormais par un récépissé que le bibliothécaire du roi concédera au directeur de la librairie, sur un registre à ce destiné. Le directeur de la librairie sera tenu d'en donner des extraits aux personnes qui les lui demanderaient. Ces extraits, délivrés sur un papier au timbre d'expédition fourni par les demandeurs, seront expédiés gratis.

Art. 80. Tout écrivain accusé qui ne serait acquitté que par le bénéfice de la prescription, auquel il a la faculté de renoncer, n'aurait aucun droit aux dommages-intérêts.

Art. 81. Les deux prescriptions établies par l'article 76 sont interrompues par le premier acte de la procédure.

Art. 82. Les écrits imprimés à l'étranger ne feront jamais preuve en faveur de l'écrivain accusé.

Les écrits, rapports, pièces imprimées en France, soit pour le passé, soit pour l'avenir, ne pourraient faire preuve du fait ou des faits allégués par l'écrivain accusé, qu'autant que la partie plaignante n'aurait pas réclamé, dans des écrits imprimés, contre les faits imprimés qui lui auraient été imputés. Si une telle réclamation était demeurée sans réplique, l'imputation ancienne est dès-lors une calomnie, et la répétition qui pourrait en être faite en aggraverait le caractère.

Art. 83. La partie plaignante, autre qu'un fonctionnaire public, qui, sans l'excuse exigée, vérifiée et admise pour la partie accusée, conformément à l'article 64, ne comparaîtrait pas à l'audience, serait présumée ne pouvoir justifier sa plainte. Dans le cas où son exoine serait admis par la Cour, elle aurait le droit de se faire représenter par un avocat muni de sa procuration spéciale.

Art. 84. Si les faits allégués par l'écrivain étaient justifiés, et qu'ils fussent de nature à entraîner une peine correctionnelle ou criminelle, et que l'action publique ne fût pas prescrite, le ministère poursuivrait le prévenu, et pourrait, selon la gravité de l'allégation, le faire arrêter séance tenante.

Art. 85. Le tribunal ordonnera toujours l'impression du jugement, aux dépens de la partie qui succombera, au nombre qu'il jugera convenable.

Art. 86. Toutes les dispositions pénales relatives à la

presse ; établies par le Code pénal, sont abrogées ; sauf
ce qui concerne les affiches et placards séditieux ou contraires aux bonnes mœurs.

N. B. Trois projets de loi (qui n'en font qu'un divisé
en trois sections) ont été présentés par le ministère à la
chambre des députés, lorsque celui que je donne au public, sur le même sujet, était déjà dans les mains de mon
imprimeur.

Quelle est mon opinion sur mon ouvrage et sur celui
des ministres? Le voici en deux mots:

Je regarde le mien comme défectueux, en ce que je ne
puis atteindre TOUS les abus, ce qui peut amener l'impunité de quelques coupables.

Je regarde celui du gouvernement comme défectueux
en ce qu'il veut atteindre TOUS les abus, ce qui peut amener la condamnation d'écrivains qui soient innocents.

Il s'agit de savoir si la France adoptera, sur cette matière, la maxime que le gouvernement d'Athènes consacra
dans l'affaire de Miltiade. *Maluit eum innoxium plecti quàm
diutiùs esse in* TIMORE.

Dans mon projet, *le juri* prononce toujours, soit que
l'écrivain ait commis un délit, soit qu'il ait commis un
crime.

Je ne puis assimiler la découverte de la poudre à celle
de l'imprimerie, et par conséquent mettre en général des
pamphlets dans la cathégorie des coups de carabines.

Je ne pense pas que, d'après la Charte, la liberté d'é-
mettre son opinion politique chaque matin sur ce qui s'est
passé la veille, doive être subordonnée à la faculté de
jouir de dix mille livres de rente, car la Charte consacre
l'égalité des droits ; et si elle l'a restreinte à l'égard des électeurs et des éligibles, il ne me paraît pas qu'il soit constitutionnel d'ajouter aux restrictions qu'elle a établies.

NOTE

INDIQUÉE A LA PAGE 25.

Lorsque le duc d'Otrante passa à Avignon en mars 1814, à son retour du royaume de Naples, je fus le voir. Quand j'entrai dans son appartement, il dit en présence de vingt personnes : *Voilà un des hommes de France qui ont été le plus calomniés.*

A qui suis-je redevable de cette vérité? A Deux êtres; dont l'un n'existe plus; il était venu défendre à la barre de l'assemblée législative les assassins de la glacière; devenu puissant ensuite, il me fit arrêter par le fameux *Jourdan Coupe-tête*, et traduire d'abord à la conciergerie, d'où je fus transféré au Luxembourg. Soustrait à la hache révolutionnaire que cet homme avait levée sur ma tête, par un ancien conseiller au parlement de Grenoble, que le hasard avait fait nommer à la place de procureur de la commune de Paris, il s'empara, après le neuf thermidor, de quelques lettres que la reconnaissance avait voulu que je lui écrivisse, IL LES DÉNATURA, Y AJOUTA, RETRANCHA, et fit lui-même dans un rapport à la convention l'article qui me concerne.

Dès qu'il me fut possible d'élever la voix contre cet acte d'iniquité, je le fis. Moi, simple particulier, osai attaquer en face un REPRÉSENTANT DU PEUPLE, le traiter de FAUSSAIRE, le SOMMER de choisir le tribunal qu'il lui plairait dans toute la France, D'Y PRODUIRE MES LETTRES, demandant d'être jugé et frappé si elles n'avaient pas été DÉNATURÉES; bien entendu que mes accusateurs devaient être punis comme FAUSSAIRES, s'ils les avaient dénaturées. Ma réclamation fut publique, elle est dans le journal rédigé à cette époque par Réal, n°. 152, du 27 nivôse an IV, ou 17 janvier 1796. Elle fut à la même époque publiée par le Journal des *Hommes libres.*

Rovère et Courtois vivaient alors; ils gardèrent le silence! Si mes lettres n'avaient pas été DÉNATURÉES, ALTÉRÉES, cette provocation authentique eût-elle demeuré sans réponse?

Le même journal de Réal donna dans son numéro du 21 mai 1796, copie d'une lettre à *Robespierre*, attribuée à M. *Pastoret*; il la désavoua dans le même journal, dans le numéro du 22 mai, même année. Il est pair de France.

Moi, j'ai fait plus, j'ai accusé publiquement ceux qui avaient mes lettres dans leurs mains, d'être des FAUSSAIRES, de les avoir DÉNATURÉES; je les ai sommés de les déposer au greffe du tribunal qu'il leur plairait de choisir, et ils ont gardé le silence! N'est-il pas un aveu des *faux* qu'il avaient commis? En veut-on une preuve irrésistible? La voici : *Rovère*, par l'organe de *Courtois*, me fait écrire, contre Madame la marquise *Déyragues*. Cette dame avait été arrêtée à Avignon comme épouse d'un émigré; son nom de famille est *Victoire Moreau*. Ayant été à Marseille, où j'avais été appelé dès mon retour à Avignon, je dis au représentant *Maignet* que dans les dernières arrestations qui avaient eu lieu dans cette ville, il y avait eu beaucoup de méprises; il me pria de les lui signaler; je mis sur une liste toutes les personnes dont je pus me rappeler, au nombre au moins de trente; parmi ces personnes je plaçai la dame *Victoire Moreau*, que je qualifiai de *ma cousine*, à l'aide du nom. Ces trente personnes, parmi lesquelles figuraient l'abbé de *Veri* cousin des *Crillon; Caille*, menuisier, la dame *Ajou*, furent mises en liberté, sans savoir d'où leur venait ce bonheur. L'abbé de *Veri* crut en être redevable au sieur *Rat*; il lui témoigna largement sa reconnaissance. Quand je demandai à Paris de pouvoir y exercer ma profession; le bâtonnier de l'ordre voulut et dut prendre des renseignements sur mon compte; je lui avais bien dit que j'avais été calomnié; mais on ne croit pas les gens sur parole, et on a raison. Il s'adressa, entre autres, à M. le marquis *Déyragues*, alors inspecteur des gardes nationales, dont le rapport de *Courtois* m'accusait d'avoir

voulu faire périr l'épouse; il en reçut une réponse dont voici la teneur. « Il m'est doux de pouvoir répondre à la confiance que
» daigne me témoigner le conseil de l'ordre des avocats relative-
» ment à M. Moureau; tout ce que je connais de lui me démontre
» le talent, la générosité et un grand désintéressement. Mon éloi-
» gnement de France pendant neuf ans de révolution, me dispense
» des détails auxquels mon compatriote aurait pu avoir part; CE
» QUE J'AI APPRIS ET CE QUE JE N'OUBLIERAI JAMAIS, CE SONT
» LES SERVICES QU'IL A RENDUS A LA PORTION DE MA FAMILLE
» RESTÉE EN FRANCE, agréez, etc. »

Si le respectable marquis Déyragues n'était pas mort dernière-
ment, je ne publierais pas cette lettre dont il remit une copie à ma sœur, parce que le *misérable* qui me calomnie sans cesse aurait bien pu lui faire jouer quelque mauvais tour? Qu'ai-je fait à ce méchant? Je lui ai rendu, pendant la révolution, tous les services possibles. Mais il a malheureusement l'ame comme sa figure, et dans la ville on le surnomme *Azor.*

Qu'on ne soit pas surpris que je veuille, dans mon projet de loi, que le calomniateur pseudonyme soit puni des travaux-forcés; c'est cet ingrat, c'est ce jaloux, c'est cet homme perfidement atroce, dont la maison fut signalée comme la *forêt Noire*, que j'ai envie d'atteindre.

Hommes honnêtes, ne condamnez jamais sans entendre; ne vous prévenez jamais contre quelqu'un sans l'avoir vu. Les ven-
geances particulières se sont souvent servies, dans la révolution, de la couleur du parti auquel le vindicatif était personnellement étranger, pour nuire à l'homme dont les talents, la probité et l'estime publique, faisaient son désespoir; c'est dire que cet ennemi qui me calomnie sans cesse, tantôt auprès de M. de *Jouí*, tantôt auprès des frères *Michaud*, fut d'abord fort tricolore, et qu'il ne cesse pas d'être un caméléon.

Si jamais, comme son devancier, il laisse ses tristes dépouilles sur une terre étrangère, je ne repousserais pas plus sa veuve et ses enfants , que je n'ai repoussé la veuve et le fils de *Rovère*; je n'ai pas oublié ce que m'ordonnaient ma conscience et ma profession : *Orphano tu eris adjutor.*

Je ne puis terminer cette note, sans faire une observation qui naît de la matière.

En révolution , on ne fait pas attention que ce qui est crime aujourd'hui peut être vertu le lendemain. Le 12 thermidor , les journaux du temps annoncèrent qu'on avait trouvé à la Commune *un sceau avec des fleurs de lis* dans le tiroir du bureau occupé par Robespierre. Six mois après , Courtois, dans son rapport, l'accusait *d'avoir pactisé avec des contre-révolutionnaires* (pag. 23) ; *d'être philosophe comme* CONSTANTIN (pag. 25); *d'avoir déclamé contre ceux qui ont renversé le culte, contre ceux qui ont empéché de dire la messe, ou d'aller l'entendre ; de n'avoir fait guillotiner Gobel, que parce que Gobel vint déclarer à la Convention qu'il ne voulait plus la dire* (pag. 42 et 43); enfin *d'avoir rangé dans ses papiers d'élite* DES PLANS DE CONTRE-RÉVOLUTION BIEN TRACÉS (pag. 45).

Que conclure de ces citations ? Que *Robespierre* travaillait , d'après les allégations de Courtois, à la *contre-révolution*, au retour des lis, et au *rétablissement du culte catholique?* Non sans doute ; mais on doit en conclure forcément que ce rapport est un monument d'imposture.

Le procès en escroquerie que *Courtois* éprouva dans la suite devant le tribunal de police correctionnelle de Paris , atteste contre sa moralité. Il est mort en Belgique , où il avait été exilé comme régicide. Les journaux de cette contrée ont remarqué que pas un seul de ses compatriotes n'avait accompagné son cercueil.